Scénario et dessin
TSUKASA HOJO

Traduction
AKIKO INDEI & PIERRE FERNANDE

Lettrage
LORENZO RAGGIOLI

FAMILY COMPO (complete perfect edition)

Pour l'édition française : Panini France S.A. - Nice La Plaine, Bât. C2, Avenue Emmanuel Pontremoli, 06200 Nice.
ISBN : 979-10-391-3267-1
Dépôt légal : **janvier 2025**
Achevé d'imprimer en **Italie** en **décembre 2024** par **Gravinese Industrie Grafiche Srl**
Via Lombardore, 276/F, Leini (TO).
Code produit : **FFAPE001**

www.panini.fr

FSC www.fsc.org MIX Paper | Supporting responsible forestry FSC® C115044

MESSAGES DE L'AUTEUR

Cette fois-ci, je me suis entêté, et pour de bon ! Tout a commencé avec mes réflexions – vagues, comme d'habitude – autour d'une nouvelle série destinée à un magazine pour enfants. J'avais cette idée qu'une histoire traitant d'un couple dont le mari et la femme ont inversé leurs rôles pourrait être amusante. Mais la rédaction du magazine a refusé de me publier, estimant que ce thème était trop osé pour son lectorat. Une réponse parfaite pour que je m'obstine à faire publier mon travail, coûte que coûte !! Je me suis donc rapproché d'un magazine pour adolescents, *Allman*, qui a accueilli *Family Compo*, une série que j'ai mis un an et demi (ou à peu près) à mettre au point. Chers lecteurs, vous n'imaginez pas comme j'ai hâte que vous lisiez mon histoire. ❤

Tsukasa Hojo

(Texte repris de la première édition de *Family Compo* 1)

Pour écrire le nom de Yukari en japonais, j'ai utilisé le caractère *murasaki* 紫, qui désigne le violet. Pourtant, vous aurez beau consulter tous les dictionnaires du monde, jamais vous ne trouverez la prononciation *yukari* pour lire *murasaki*. Mais je tenais absolument à utiliser ce caractère pour écrire le nom de ma chère Yukari (enfin, quand je dis "ma")... En effet, l'expression "couleur violette", *murasaki iro* 紫色, peut aussi se lire *yukari no iro*, en référence à un passage du *Kokin wakashû*, ce recueil de poésie dont la compilation fut ordonnée par l'empereur Daigo en l'an 905. Or, *yukari no iro* est une expression signifiant que l'on transmet à quelqu'un d'autre un sentiment d'amour et d'affection, dès que l'on noue une relation, même ténue, avec cette personne. Ce qui correspond exactement à la mentalité de Yukari ! C'est pour cela que j'ai attribué le caractère *murasaki* 紫 à son prénom. Et puis, aux États-Unis, le violet est une couleur associée à l'homosexualité, alors...

Tsukasa Hojo

(Texte repris de la première édition de *Family Compo* 2)

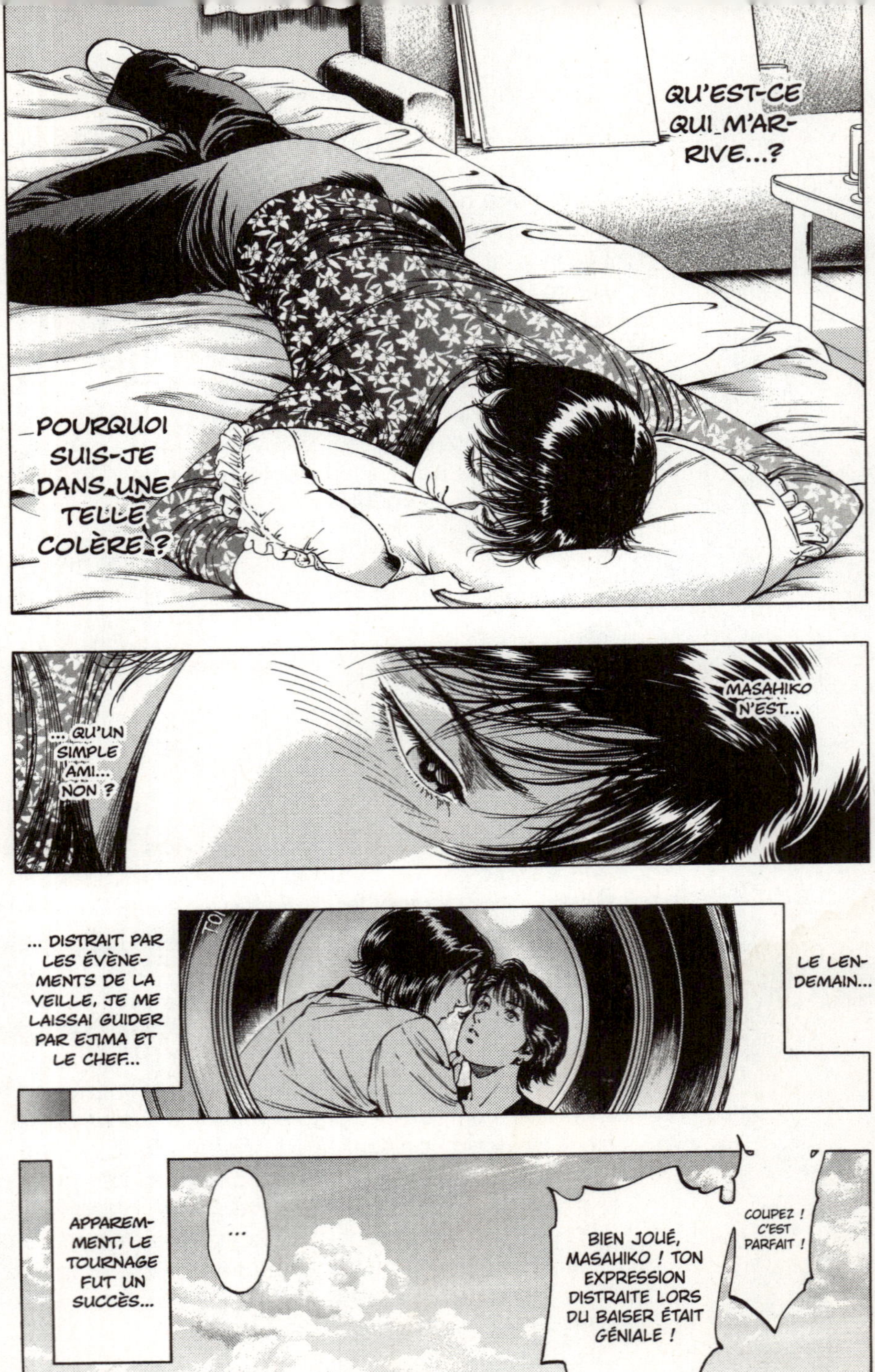

QU'EST-CE QUI M'ARRIVE...?
POURQUOI SUIS-JE DANS UNE TELLE COLÈRE ?
MASAHIKO N'EST...
... QU'UN SIMPLE AMI... NON ?
LE LENDEMAIN...
... DISTRAIT PAR LES ÉVÈNEMENTS DE LA VEILLE, JE ME LAISSAI GUIDER PAR EJIMA ET LE CHEF...
COUPEZ ! C'EST PARFAIT !
BIEN JOUÉ, MASAHIKO ! TON EXPRESSION DISTRAITE LORS DU BAISER ÉTAIT GÉNIALE !
...
APPAREMMENT, LE TOURNAGE FUT UN SUCCÈS...

À SUIVRE...

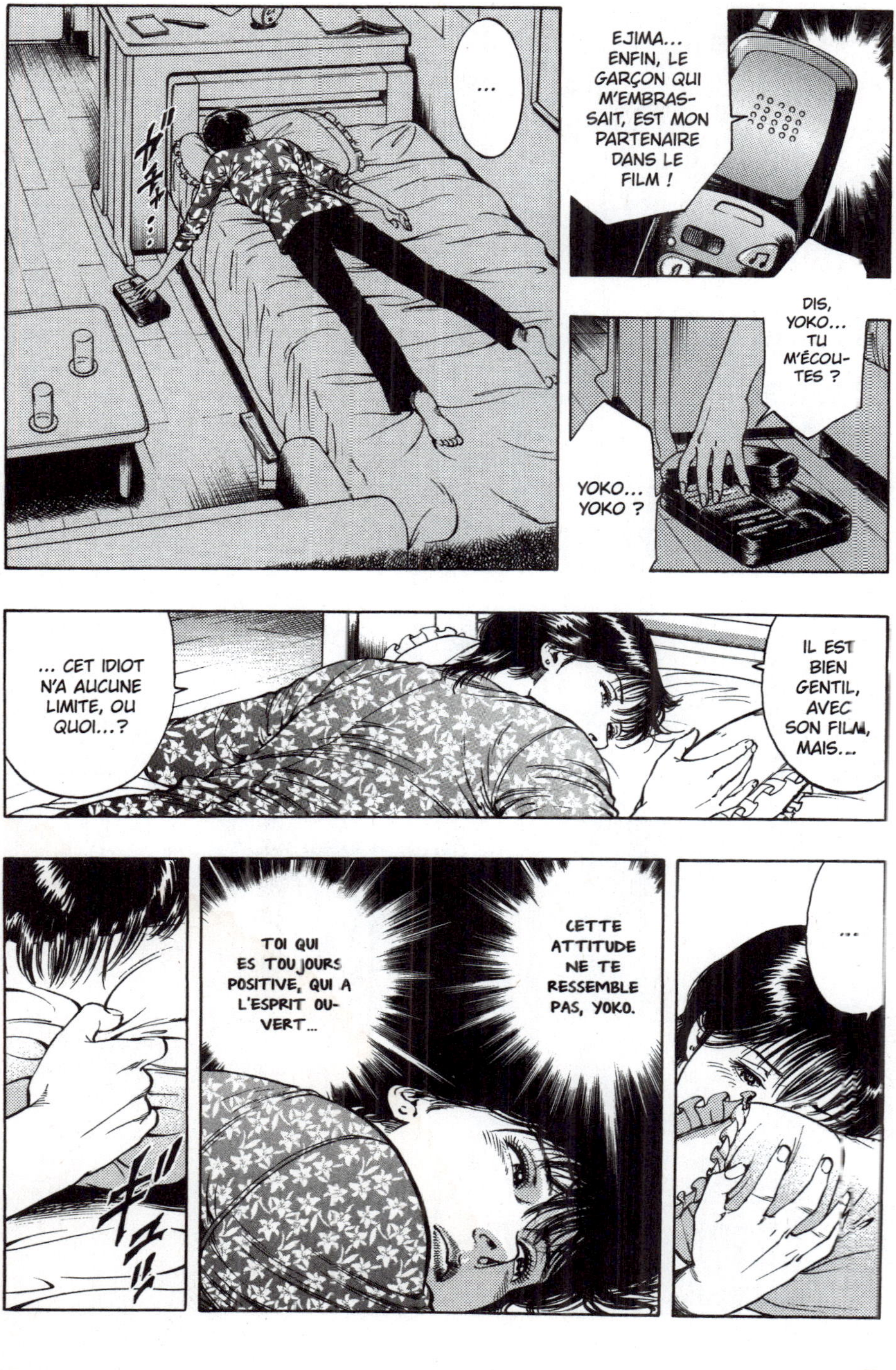

EJIMA... ENFIN, LE GARÇON QUI M'EMBRASSAIT, EST MON PARTENAIRE DANS LE FILM !
DIS, YOKO... TU M'ÉCOUTES ?
YOKO... YOKO ?
...
ガチャ…
IL EST BIEN GENTIL, AVEC SON FILM, MAIS...
... CET IDIOT N'A AUCUNE LIMITE, OU QUOI...?
...
CETTE ATTITUDE NE TE RESSEMBLE PAS, YOKO.
TOI QUI ES TOUJOURS POSITIVE, QUI A L'ESPRIT OUVERT...

YOKO ?!
AH, SHION ?!
DE... DE L'EAU, VITE !
MAIS... QU'EST-CE QUE VOUS FAISIEZ, TOUS LES DEUX ?!
EH BIEN, EN FAIT...
Ô, DIEUX, COMME VOUS ÊTES...
... CRUELS AVEC MOI.
ÇA AUSSI, C'ÉTAIT UNE RÉPÉTITION POUR LE FILM !

TIENS ? J'AI CRU ENTENDRE LA PORTE...
FILM ALIMENTAIRE.
HÉ ?
MASAHIKO, ÇA VA ?!
C'EST MA TECHNIQUE QUI LUI A FAIT CET EFFET ?!
?
...
QU'Y A-T-IL, YOKO ?
... VERS...
PARDON ?
CE SALE...
... PERVERS !!

!!
パターン…

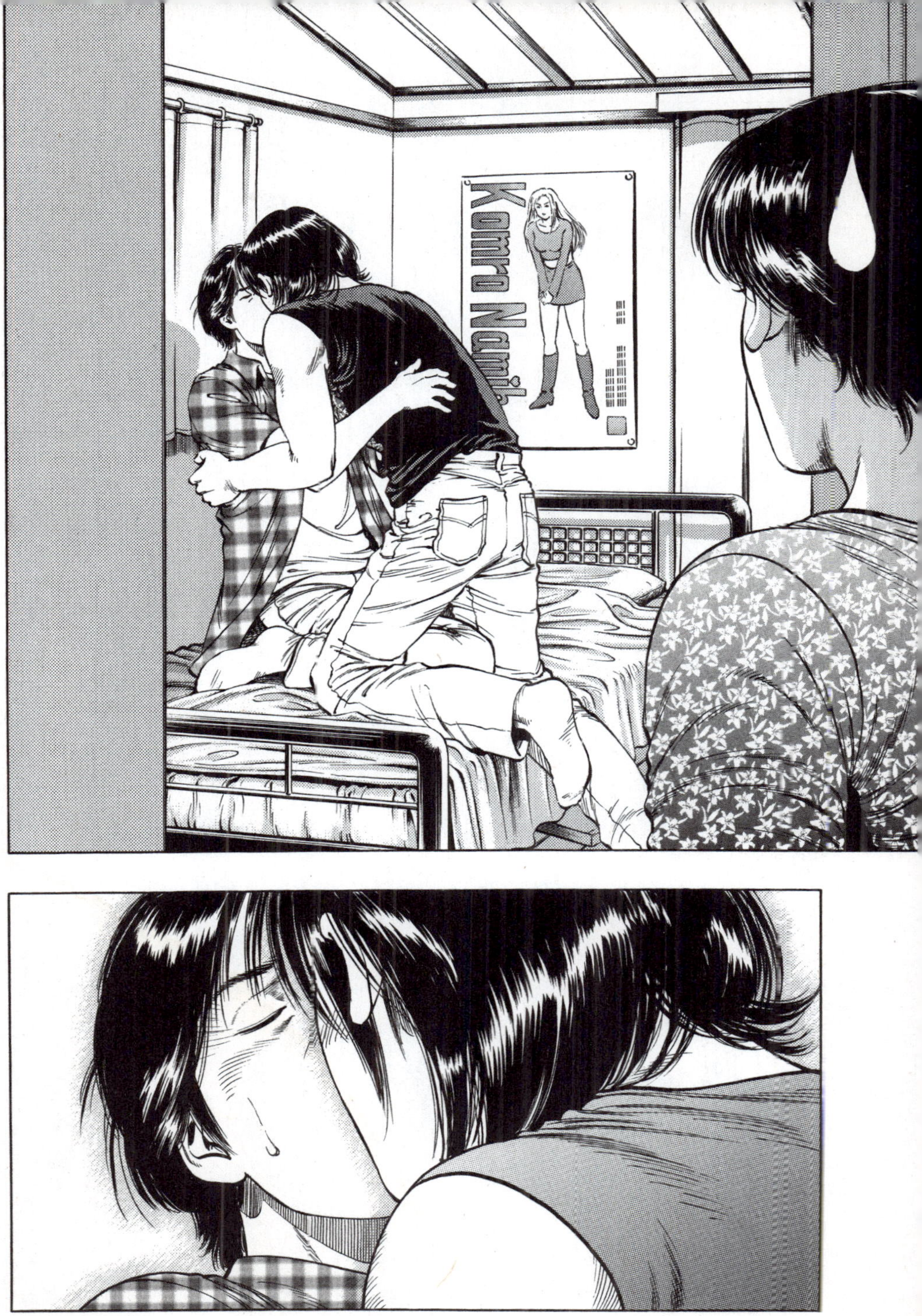
Komro Nami

...
TU VEUX QUE JE T'ACCOMPAGNE ?
N... NON, MERCI.
MASAHIKO, JE PEUX ENTRER ?!

YOKO... QUE COMPTES-TU DIRE À MASAHIKO ?
EH BIEN...
... JE DOIS DÉJÀ M'EXCUSER, POUR CE STUPIDE MALENTENDU ...
ET PUIS, J'AIMERAIS AUSSI QU'IL S'EXPLIQUE... ET QU'IL S'EXCUSE.
CAR C'EST UN AMI PRÉCIEUX POUR MOI... JE N'AI PAS ENVIE DE LE PERDRE POUR CETTE BÊTISE.
UN AMI...
... HEIN ?
PARDON ?
BON, ON EST ARRIVÉES ! DESCENDONS !
...

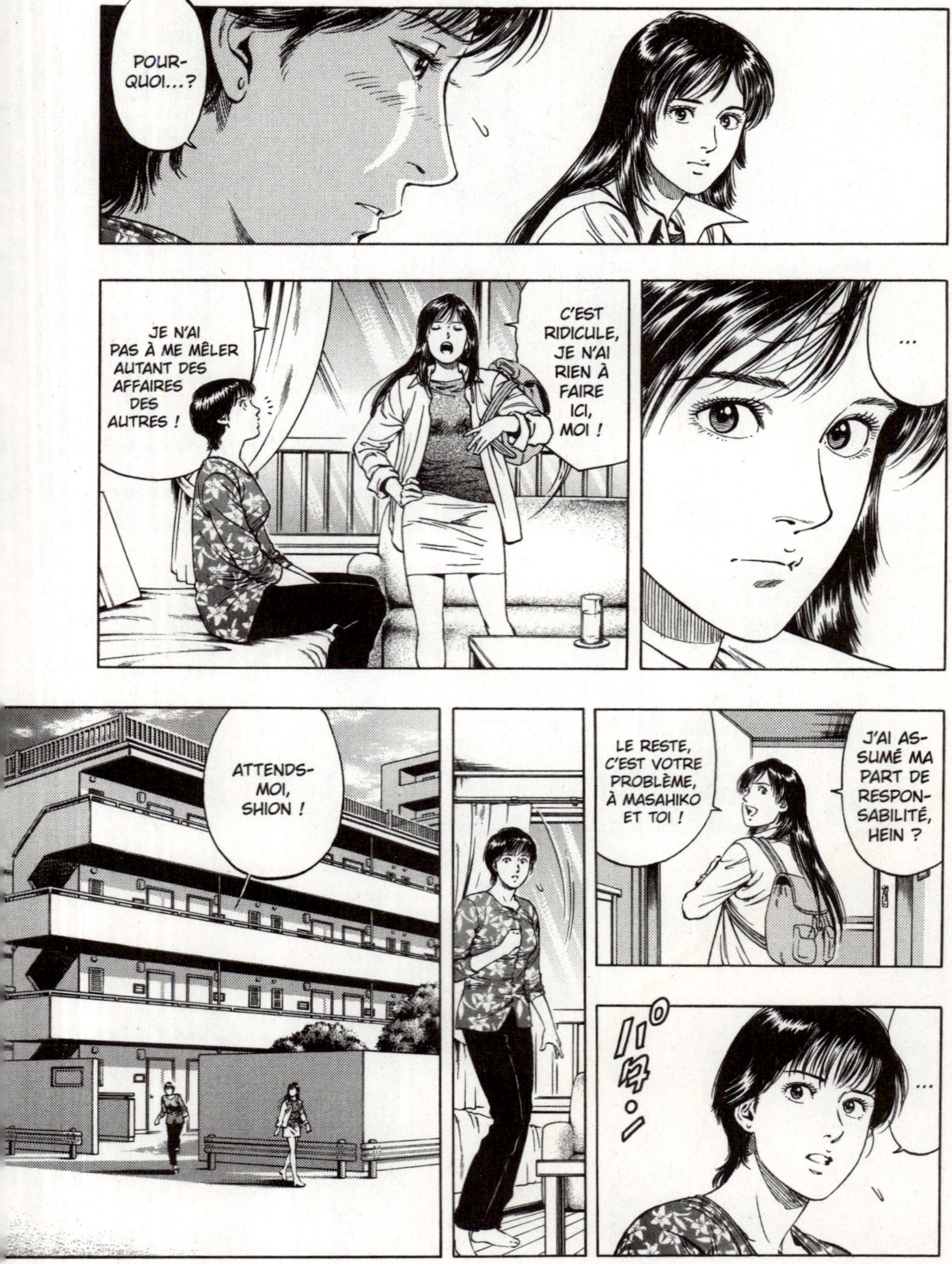
POURQUOI...?
...
C'EST RIDICULE, JE N'AI RIEN À FAIRE ICI, MOI !
JE N'AI PAS À ME MÊLER AUTANT DES AFFAIRES DES AUTRES !
J'AI ASSUMÉ MA PART DE RESPONSABILITÉ, HEIN ?
LE RESTE, C'EST VOTRE PROBLÈME, À MASAHIKO ET TOI !
ハッ！
...
ATTENDS-MOI, SHION !

D'AUTRE PART, SI JE N'AVAIS PAS DÉCOUVERT SON DÉGUISEMENT... IL AURAIT CONTINUÉ À ME TROMPER !
C'EST CELA QUI ME GÊNE LE PLUS, AU FINAL !
J'AURAIS AIMÉ QU'IL ME DISE LA VÉRITÉ, DÈS L'INSTANT OÙ IL S'EST RETROUVÉ SEUL AVEC MOI !
S'IL AVAIT ÉTÉ FRANC, RIEN DE TOUT CECI NE SERAIT ARRIVÉ !
...
CETTE ATTITUDE NE TE RESSEMBLE PAS, YOKO.
TOI QUI ES TOUJOURS POSITIVE, QUI AS L'ESPRIT OUVERT...
... POURQUOI T'ATTACHES-TU AUX DÉTAILS, DÈS QU'IL S'AGIT DE MASAHIKO ?

UN ENTRAÎNEMENT...
... POUR UN FILM ?
OUI, C'EST MOI QUI L'AI FORCÉ.
...
IL N'A JAMAIS ÉTÉ D'ACCORD... IL S'EST DÉGUISÉ CONTRE SA VOLONTÉ !
JE VOIS...
AU FINAL, C'EST MOI QUI AI DÉPASSÉ LES BORNES...
JE ME SENS UN PEU RESPONSABLE D'AVOIR CRÉÉ CE MALENTENDU ENTRE VOUS...
MAIS...
...
IL M'A VU... COMME IL N'AURAIT PAS DÛ ME VOIR !

QUE TU GOÛTES UN PEU À MA SOUFFRANCE, TOI AUSSI !
DANS CE CAS, ON S'ENTRAÎNE SANS QUE JE ME DÉGUISE !
TU PLAISANTES, CE N'EST PAS DU TOUT ÇA… HA HA HA !
TU N'AS PAS DE GÊNE, TU ME VOIS COMME UNE FILLE…
HA HA HA…
HA HA…
HA…
ÇA NE CHANGERA RIEN AU FAIT QUE JE VAIS QUAND MÊME SENTIR TES LÈVRES, ABRUTI !
ON N'A PAS LE CHOIX ! ET PUIS, C'EST DÉJÀ MIEUX AVEC QUE SANS !
ON N'A QU'À EN METTRE ENTRE NOS BOUCHES…
?
DU… DU FILM ALIMENTAIRE…
… TU EN AS ?

...
TU N'AS QU'À FERMER LES YEUX...
... MES TALENTS D'ACTEUR FERONT LE RESTE.
OUI, MAIS QUAND JE SENTIRAI TON VISAGE D'HOMME S'APPROCHER DU MIEN...
EH BIEN, TU FERAS UN EFFORT ! TU N'ES PAS LE SEUL À TE FORCER, TU SAIS !
VRAIMENT ? TU ME PARAIS POURTANT TRÈS POSITIF, TOI...
C'EST PARCE QUE JE SOUHAITE DEVENIR ACTEUR !
SI CE FILM REMPORTE UN PRIX, MES TALENTS DE COMÉDIEN AURONT UNE CHANCE D'ÊTRE RECONNUS...
JE NE RENONCERAI À CET ESPOIR POUR RIEN AU MONDE !
CESSE DE RONCHONNER ET HABILLE-TOI EN FILLE ! L'HEURE TOURNE !
...
C'EST FACILE, POUR TOI...
DE QUOI ?

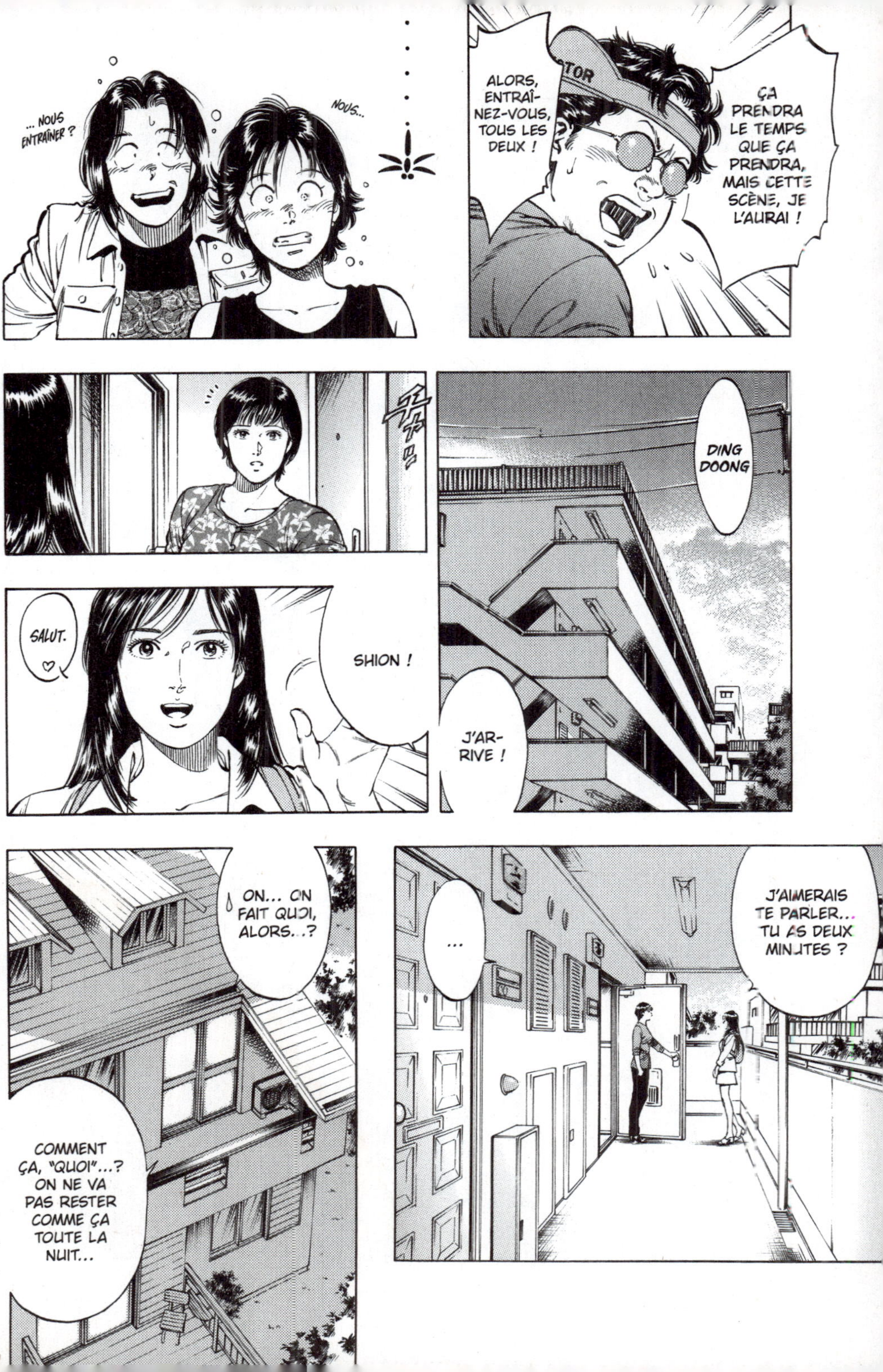
ÇA PRENDRA LE TEMPS QUE ÇA PRENDRA, MAIS CETTE SCÈNE, JE L'AURAI !
ALORS, ENTRAÎNEZ-VOUS, TOUS LES DEUX !
NOUS...
... NOUS ENTRAÎNER ?
DING DOONG
J'AR-RIVE !
SHION !
SALUT. ♡
J'AIMERAIS TE PARLER... TU AS DEUX MINUTES ?
...
ON... ON FAIT QUOI, ALORS...?
COMMENT ÇA, "QUOI"...? ON NE VA PAS RESTER COMME ÇA TOUTE LA NUIT...

C'EST QUOI CETTE TÊTE, MASAHIKO ?!
VOUS VOUS AVOUEZ VOS SENTIMENTS DANS CETTE SCÈNE !
TU COMPRENDS ÇA ?! ON VA DEVOIR FAIRE COMBIEN DE PRISES ?!
C'EST BIEN BEAU, MAIS ON RESTE DEUX GARÇONS, APRÈS TOUT !
NE DIS PAS DE BÊTISES ! TU ES UNE FILLE ! UNE FILLE !!
QUELLE IDÉE AUSSI DE COMMENCER PAR LÀ ! TOURNONS D'ABORD AUTRE CHOSE !
JE T'AI DÉJÀ EXPLIQUÉ QUE CETTE SCÈNE EST CRUCIALE, ET QUE SA RÉUSSITE AURA DES RETOMBÉES POSITIVES SUR LE RESTE DU TOURNAGE !
AU SECOURS...
AUCUNE EXPLICATION NE ME FERA AIMER CE PASSAGE !
J'EN AI MARRE ! ON ARRÊTE POUR AUJOURD'HUI !
ON RÉESSAIERA DEMAIN !

MH...
TU RUES DES QUATRE FERS DÈS QU'ON T'APPROCHE...
MAIS... JE T'AIME !
COUPEEEZ !
COUPEZ, COUPEZ !
LEE

C'ÉTAIT L'OCCASION RÊVÉE POUR LUI EXPLIQUER QUE TU PRÉPARAIS UN RÔLE FÉMININ, AVEC CE DÉGUISEMENT DE FILLE !
POURQUOI NE LUI AS-TU RIEN DIT ?!
BAH...
TANT PIS...
...
YOKO NE VIENDRA PLUS LA SEMAINE PROCHAINE ! TU VAS TOUT PERDRE SI TU NE TE RÉCONCILIES PAS VITE AVEC ELLE !
IMPOSSIBLE D'ALIGNER DEUX IDÉES...
CES CATASTROPHES SUCCESSIVES M'ONT REMUÉ LE CERVEAU...
...
ON NE PEUT VRAIMENT PAS LUI PARLER, À LUI !
BON, EN MÊME TEMPS ...
... JE SUIS UN PEU RESPONSABLE, MOI AUSSI...
"UN PEU" ?!

A...
ATTENDS, YOKO !
PERVERS !
...

BON, EH BIEN...
... AU REVOIR !
!

MAIS ALORS… J'AI UN PREMIER RÔLE, MOI AUSSI ! YOUPI !!
OUI, J'AI BESOIN DE DEUX COMÉDIENS QUI S'ENTENDENT BIEN, CE SERA PLUS FACILE…
C'EST PLUTÔT À MOI DE DIRE ÇA… T'INQUIÈTE PAS, JE FERAI UN EFFORT !
J'AI PAS LE CHOIX, POUR MES DÉBUTS À L'ÉCRAN !
HA HA HA… ET ENCORE, IMAGINE L'HORREUR S'IL Y AVAIT EU UNE SCÈNE DE BAISER…
BEUUH… JE DOIS VRAIMENT TOMBER AMOUREUX DE TOI ?!
IL Y EN A UNE.
D'AILLEURS, DEMAIN, ON COMMENCE PAR CETTE SCÈNE !
JE COMPTE SUR VOUS !

TU PEUX ARRÊTER DE T'HABILLER EN FILLE.
PAR-DON ?
HA HA HA ! ALORS C'EST VRAI, JE NE FAIS PAS UNE FILLE CRÉDIBLE ?!
NON, CE N'EST PAS ÇA.
TU COMMENCES À TOURNER DÈS DEMAIN. JE COMPTE SUR TOI !
QUOI ?
VOUS ÊTES SÛRS QUE JE PEUX JOUER UN RÔLE DE FILLE ?
TU SERAS PARFAIT ! LES FILLES UN PEU GARÇON MANQUÉ SONT À LA MODE.
J'AI EU UNE RÉ-VÉLATION EN TE VOYANT. UNE FILLE UN PEU MASCULINE SERA BIEN PLUS CRÉDIBLE ! MON SCÉNARIO EST BOUCLÉ !
OK, C'EST COMPRIS ! JE SUIS PRÊT À TOUT, MOI !
JE N'AI PLUS PEUR DE RIEN !
TU JOUERAS LE RÔLE D'UNE HÉROÏNE GARÇON MANQUÉ QUI, EN TOMBANT AMOU-REUSE D'UN GARÇON, LAISSE APPARAÎTRE UNE TOUCHANTE FÉMINITÉ... TON PARTENAIRE...
... CE SERA TOI, EJIMA !
M... MOI ?!

SUSUMU SERA LÀ POUR VOUS AIDER, DÈS LA SEMAINE PROCHAINE, ET PUIS…
… JE RISQUE DE VENIR DE MOINS EN MOINS, À CAUSE DE LA FAC… ALORS, JE PENSAIS ARRÊTER EN FIN DE SEMAINE…
OOH… TU NOUS QUITTES, YOKO ?
C'EST DOMMAGE… PLUS ON EST DE FOUS, PLUS ON RIT !
ALLONS ! YOKO EST ÉTUDIANTE, ELLE DOIT D'ABORD PENSER À SES ÉTUDES !
BON, TRÈS BIEN …
TU N'AS PAS LE CHOIX, C'EST DOMMAGE.
APPELEZ-MOI SURTOUT, SI VOUS ÊTES DÉBORDÉS ! JE VIENDRAI TOUT DE SUITE VOUS AIDER !
D'ACCORD, JE COMPTE SUR TOI !
…
MASAHIKO !
QU'Y A-T-IL, CHEF ?
EH BIEN…

MERCI… POSE-LE…
…
DIS… TU AS UNE MINUTE ?
…
TA CONCENTRATION ME LAISSE PENSER… QUE TU ES ENCORE EN COLÈRE POUR DIMANCHE ?
LAISSE-MOI T'EXPLIQUER ! CE JOUR-LÀ, SI MASAHIKO ÉTAIT HABILLÉ EN FILLE…
MAÎTRE, J'AIMERAIS VOUS PARLER !
MH ?
IMPOSSIBLE DE CAPTER SON ATTENTION…
QUOI ? TU VEUX ARRÊTER ?!
OUI.

BONSOIR TOUT LE MONDE, C'EST MOI !
WAAAH, NOTRE SAUVEUSE !
PAUSE-CAFÉ ! MERCI, SHION !
QUELLE SURPRISE QUE CE SOIT TOI QUI APPORTES LE CAFÉ, SHION ..
C'EST PLUTÔT MASAHIKO QUI VIENT, LES JOURS OÙ YOKO EST LÀ !
C'EST QU'IL N'EST PAS ENCORE RENTRÉ, AUJOURD'HUI...
...
VOILÀ POUR TOI, YOKO !

N'ÉCARTE PAS LES JAMBES, AU MOINS... C'EST INSUPPORTABLE !
ÇA VA, NON ? JE SUIS PAS UNE FILLE !
TU VEUX VOIR DES SOUS-VÊTEMENTS MASCULINS ? TIENS !
ARRÊTE, J'VAIS VOMIR !
IL DEVIENT MÊME UN PEU PLUS VULGAIRE CHAQUE JOUR !
...
LE POUSSER À S'HABILLER EN FILLE A PRODUIT L'EFFET CONTRAIRE...
JE NE SAIS PAS CE QU'IL A, MAIS DEPUIS LE DÉBUT DE LA SEMAINE, IL SEMBLE COMME FOU DE DÉSESPOIR...
ON NE POURRA RIEN EN TIRER, DANS SON ÉTAT...
C'EST VRAI...
... J'ÉTAIS DÉSESPÉRÉ...

MASAHIKO... TU N'AS VRAIMENT RIEN DE FÉMININ, LÀ...
C'EST NORMAL, MON VIEUX !
JE SUIS UN MEC, MOI !
AUCUN PROBLÈME POUR ME COMPORTER EN HOMME, MÊME HABILLÉ COMME ÇA !
PAR CONTRE, JE ME SUIS HABITUÉ À CES FRINGUES... JE N'AI PLUS DU TOUT HONTE !
C'EST PAS VRAI... T'ES VRAIMENT INCORRIGIBLE !
...
ALORS, AUCUN PROGRÈS CHEZ MASAHIKO ?
AUCUN, COMME TU PEUX LE VOIR...

17E JOUR
COUP DE GRÂCE

À LA NUIT TOMBÉE...
MAIS ENFIN, QUE S'EST-IL PASSÉ APRÈS MON DÉPART ?!
HÉ, MASAHIKO !
TOC TOC
OUVRE-MOI, ENFIN ! POURQUOI T'ENFERMES-TU AINSI ?!
...
MASAHIKOOO... ♡
TOUT EST... FINI...

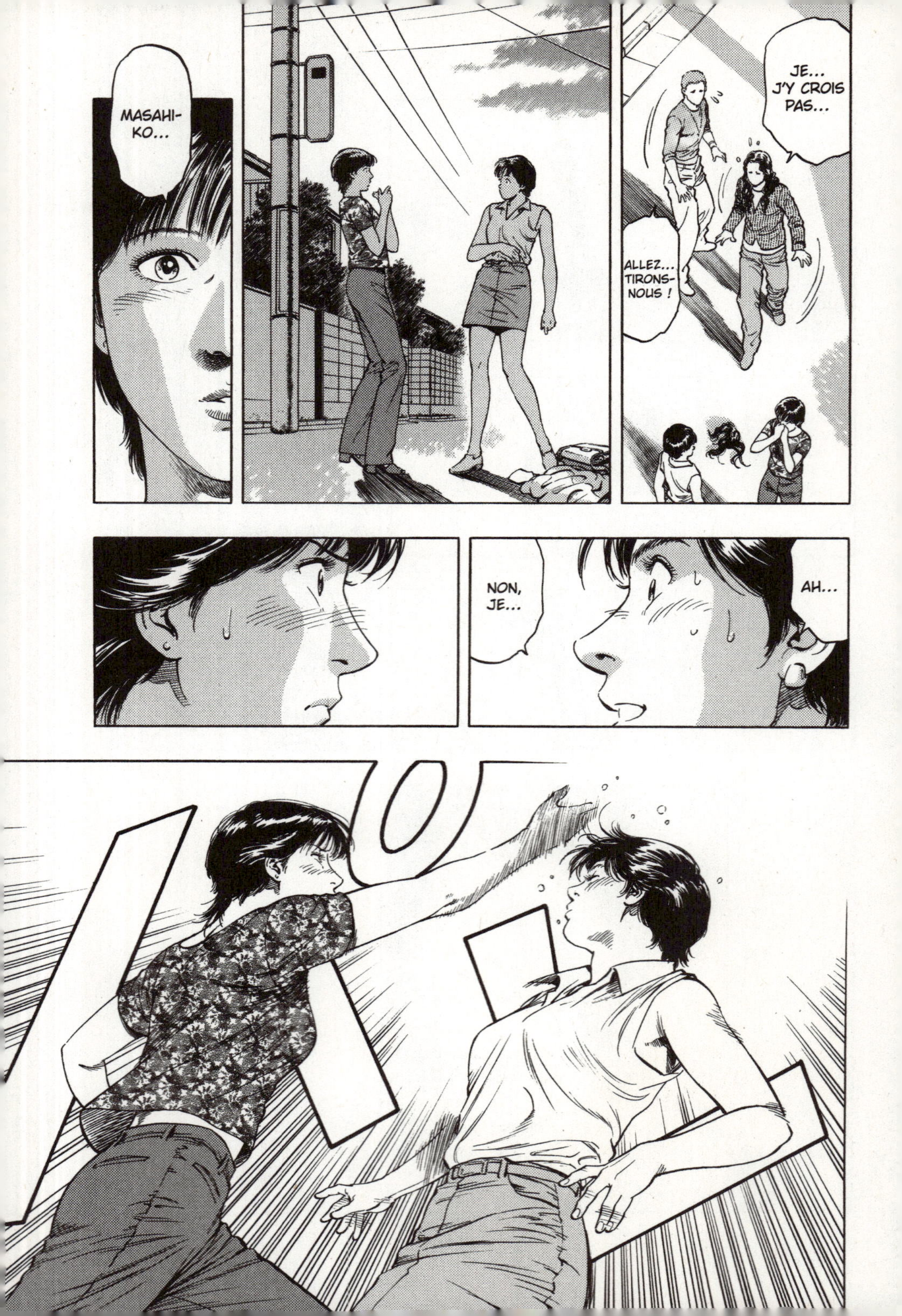
JE... J'Y CROIS PAS...
ALLEZ... TIRONS-NOUS !
MASAHI-KO...
AH...
NON, JE...

EUH...
OH...!
MAIS C'EST ...
UN... UN TRA-VESTI !

NE ME TOUCHE PAS !
KH...
ALLONS-Y, YOKO !
GHH ...
ATTENDS, CONNASSE ! TU NOUS MÉPRISES PARCE QUE TU TE CROIS BELLE ?!
TA GUEULE, GROS CON ! JE T'AI DIT DE PAS M'TOUCHER !

Tea Room Manoir
VOUS ÊTES MIGNONNES, TOUTES LES DEUX...
VOUS AVEZ UN PEU DE TEMPS ? ON VA PRENDRE UN VERRE ?
SALUT LES FILLES... ♡
!!
ALLEZ, NE SOIS PAS SI FROIDE AVEC NOUS !
DÉSOLÉE, NOUS SOMMES PRESSÉES !
QUE...
JUSTE UN VERRE, TU PARLES ! ON VOIT TOUT DE SUITE OÙ ILS VEULENT EN VENIR, AVEC LEUR VIEUX PLAN DRAGUE À DEUX BALLES !
ALLEZ, JUSTE UN PETIT VERRE !
ARRÊTE !
JUSTE UN MOMENT ! DEUX FILLES ET DEUX GARÇONS, C'EST PARFAIT, NON ?!
LÂCHE-MOI, TU ME FAIS MAL !

MASAMI ?
ME... MERCI POUR LA BOISSON...
MASAMI !
ATTENDS, JE T'ACCOMPAGNE JUSQU'À LA GARE !
CATASTROOOPHE...!
OUF... J'AI ENFIN RÉUSSI À ME CALMER..
EN FAIT, LES FEMMES SONT LOIN DE BIEN ORGANISER LEUR VIE.
ELLES NE SONT PAS DIFFÉRENTES DES HOMMES.
HOMMES ET FEMMES SONT HUMAINS, APRÈS TOUT... ÇA ME RASSURE UN PEU !
TU AS L'AIR DE PENSER À DES CHOSES AMUSANTES, RACONTE-MOI !
AH... NON, RIEN...
ALLEZ, DIS-MOI !
...

JE VAIS PRENDRE UNE DOUCHE, MOI… SI ÇA TE DIT, N'HÉSITE PAS !
AH, NON MERCI…
BON, TU VOUDRAS BIEN M'EXCUSER…
!!
SHLIC
COUCOU !
CA… CATASTROPHE !
BON BEN, J'VAIS ME…
EUH, JE VAIS RENTRER !

NE… NE TE DÉRANGE PAS POUR MOI…
VOILÀ.
JE TE SERS À BOIRE…
M… MERCI …
TOUT VA BIEN ? TU ES TOUTE ROUGE…
AH… OUI… C'EST JUSTE TES VÊTE-MENTS…
ALLEZ, ON EST ENTRE FILLES, NON ?!
AH, PARDON ! JE N'AI MÊME PAS RANGÉ MON LINGE !
N… NON, ÇA VA !
OUI, MAIS …

OOH... TU VIS TOUTE SEULE ?
OUI, DEPUIS CE MOIS-CI... J'AI ENFIN RÉUSSI À CONVAINCRE MA MÈRE !
MA CHAMBRE EST EN DÉSORDRE, PARDONNE-MOI... JE N'AI PAS EU LE TEMPS DE RANGER...
ÇA VA... MA CHAMBRE EST À PEU PRÈS DANS LE MÊME ÉTAT...
OU PLUTÔT, EXACTEMENT DANS LE MÊME ÉTAT...
OUF... ENTRE LE POIDS DE CES SACS ET LES SOLDES, J'AI BEAUCOUP TRANSPIRÉ !

DÉSOLÉE POUR LE RETARD...
JE ME SUIS...
TIENS ?
PERSONNE ? J'AVAIS POURTANT DIT À MASAHIKO DE M'ATTENDRE ICI...
OUF...
JE ME DEMANDE OÙ ELLE EST PASSÉE...
ILS SONT LOURDS, CES SACS ! JE SUIS CREVÉE...
ON N'ARRIVERA PLUS À LA RETROUVER...
MAIS BON, CE N'EST PAS UNE ENFANT, ELLE PEUT RENTRER SEULE !
OUI, C'EST VRAI...
NOUS DEVRIONS BIENTÔT RENTRER, NOUS AUSSI...
TU AS RAISON... DIS-MOI, MASAMI, QUE DIRAIS-TU DE PASSER CHEZ MOI ?
PARDON ?
ÇA M'AIDERAIT BIEN QUE TU PORTES QUELQUES SACS... HÉ HÉ HÉ... ALLEZ, ACCEPTE, JE VIS À DEUX PAS D'ICI !

春物大処分市
C'EST LA GUERRE...
JE ME SENS INCAPABLE DE PARTICIPER...
REGARDE UN PEU, MASAMI !
LA PÊCHE A ÉTÉ BONNE ! J'AI EU TOUT CE QUE JE VOULAIS !
PROFITES-EN, TOI AUSSI ! C'EST VRAIMENT DONNÉ !
NON... JE N'AIME PAS TROP LES SOLDES...
TIENS, OÙ EST PASSÉE SHION ?
ELLE EST MONTÉE, CAR ILS FONT AUSSI DES SOLDES À L'ÉTAGE, APPAREMMENT...
ELLE DEVAIT REVENIR VITE, MAIS JE L'ATTENDS DÉJÀ DEPUIS UN MOMENT...
EH OUI, LES FEMMES OUBLIENT VITE L'HEURE, LORS DES SOLDES !
EN EFFET...
JE NE COMPRENDS RIEN AUX FEMMES, SUR CE POINT... TANT MIEUX.
ÇA TE DIT D'ALLER VOIR LÀ-BAS ?!
IL Y A SANS DOUTE PLEIN D'AUTRES BONNES AFFAIRES QUI NOUS ATTENDENT.
D'A... D'ACCORD...
QUELLE SANTÉ...

J'ÉTAIS EXCITÉ...!
*SOLDES DE PRINTEMPS - LIQUIDATION TOTALE !
春物大処分市
ET FOLLE D'INQUIÉTUDE...!
EUH, NON ! FOU D'INQUIÉTUDE !!
C'EST MOI QUI L'AI VU LA PREMIÈRE !
NON, JE L'AI VU AVANT !
NE POUSSEZ PAS, ÇA FAIT MAL !

TOUT LE MONDE SOURIT !
IL EST MIGNON, CE CADRE. ♡
... JE M'INQUIÉTAIS, CAR J'AVAIS BEAU ME MENTIR...
*PHOTO
... JE VOYAIS BIEN QUE PLUS LE TEMPS PASSAIT, ET PLUS JE M'AMUSAIS.
NOOON ...
REGARDEZ-MOI CES TÊTES...
ET L'EXPRESSION DE MASAMI !
TOUS ME REGARDAIENT COMME ON REGARDE UNE FEMME.
OUAH, LES BEAUTÉS. ♡
OH...
PERSONNE NE REMARQUAIT QUE J'ÉTAIS UN HOMME.
♪
JE PARCOURAIS LES RUES COMME SI J'ÉTAIS QUELQU'UN D'AUTRE...

HA HA HA...
HI HI... MOI, ALORS...
MERDE ! C'EST L'ENFER !
JE NE DOIS PAS ME RELÂCHER UNE SEULE SECONDE !
CEPEN-DANT...

EUH... JE...
MASAHI... NON...
ELLE S'APPELLE MASAMI !
MOI, C'EST YOKO, ENCHANTÉE !
EN... ENCHANTÉE...
TU ES TRÈS TIMIDE, MASAMI !
HA HA...
C'EST VRAI ! ELLE EST JOLIE, MAIS CETTE TIMIDITÉ L'EMPÊCHE D'EN PROFITER !
HÉ, POURQUOI TU LUI AS PROPOSÉ DE VENIR AVEC NOUS ?!
TU SERAS PLUS CONCENTRÉ SUR TON EXERCICE, SI ELLE EST LÀ !
FAIS BIEN ATTENTION À CE QU'ELLE NE TE RECONNAISSE PAS, SURTOUT, OU ELLE VA TE DÉTESTER. ♡
ARRÊTE DE DÉCONNER ! TU LUI AS TÉLÉPHONÉ DANS MON DOS, HEIN ?!
NON, C'EST UN HASARD ! MAIS FAIS ATTENTION À TON LANGAGE, ET À TON ATTITUDE...

ATTENDS, YOKO ! NOUS ALLONS FAIRE DU SHOPPING...
... ÇA TE DIRAIT DE VENIR AVEC NOUS ?
JE N'AI RIEN À FAIRE, ALORS CE SERA AVEC PLAISIR ! ÇA NE VOUS DÉRANGE VRAIMENT PAS ?
NON, AU CONTRAIRE ! ON S'AMUSERA BIEN PLUS À TROIS !
MAIS...
... TU AS PERDU LA TÊTE, SHION ?!
TU T'APPELLES COMMENT ?

C'EST UNE AMIE À TOI, SHION ?
PARDON ?
?!
ELLE EST VRAIMENT MIGNONNE... LES LYCÉENNES SONT DE SACRÉES CONCURRENTES, DE NOS JOURS !
OU... OUI, C'EST ÇA !
...
QUOI...?
ELLE NE M'A PAS RECONNU ?
MASAHIKO EST LÀ ?
EUH... JE CROIS PLUTÔT QU'IL EST... SORTI...
JE SUIS SI BIEN DÉGUISÉ ?
DOIS-JE ME RÉJOUIR OU PLEURER...?
JE REPASSERAI PLUS TARD, ALORS...
JE SUIS VENUE SANS PRÉVENIR...
BON, À TOUT À L'HEURE. ♥
JE SUIS SAUVÉ, POUR L'INSTANT...
...

ALLEZ, VITE...
MAIS...
OH ?!
BONJOUR, SHION !
YOKO !?
DWOOOM...
TIENS ?
...
C'ÉTAIT MON PIRE CAUCHEMAR, D'ÊTRE VU PAR YOKO DANS CETTE TENUE...!
TOUT... TOUT EST FINI !

...
PAAARFAIT ! ÇA TE VA TRÈS BIEN !
UNE PERRUQUE. ♡
C'EST PARCE QUE JE NE VOULAIS PAS ME MONTRER AINSI QUE JE T'AI DEMANDÉ CONSEIL...
C'EST JUSTE POUR AUJOURD'HUI, SOIS PATIENT !
CE N'EST PAS IMPRUDENT D'ALLER EN VILLE ALORS QUE TU NE M'AS ENCORE RIEN APPRIS ?
NON, AU CONTRAIRE !
TU DOIS PRATIQUER, SI TU VEUX APPRENDRE EN PEU DE TEMPS !
TU N'AS AUCUNE ENVIE DE SUBIR LA HONTE D'ÊTRE PRIS DÉGUISÉ AINSI, NON ? C'EST CETTE CRAINTE QUI VA TE POUSSER À TE COMPORTER COMME UNE FEMME !
PERMETS-MOI DE METTRE DES SOUS-VÊTEMENTS MASCULINS, AU MOINS ! JE ME SENS UN PEU OPPRESSÉ, LÀ...
ALLEZ, ON NE DISCUTE PLUS, C'EST PARTI ! TU ES MOTIVÉ OU NON ?
NON...

JE FERAI N'IMPORTE QUOI POUR M'EN SORTIR ! TU AS LA JOURNÉE DE DEMAIN POUR ME SAUVER !
JE SUIVRAI TOUS TES ORDRES SANS ME PLAINDRE !
C'EST MOI, CE "N'IMPORTE QUOI" ?!
BON, EH BIEN...
... ON VA SORTIR ENSEMBLE DANS UN QUARTIER SYMPA !
QUOI ?
ET... C'EST TOUT ?
C'EST TOUT, OUI !
HÉ ! TU T'OCCUPES SÉRIEUSEMENT DE MOI, HEIN ?!
BIEN SÛR ! MA CONDITION EST...
... QUE TU T'HABILLES EN FEMME, DES PIEDS À LA TÊTE, SANS OUBLIER LES SOUS-VÊTEMENTS !
A... ATTENDS, TU PLAISANTES ?!

ON VOIT TA CULOTTE
TU ES SÛR DE VOULOIR ENDURER ÇA UNE SEMAINE ?
...
MERDE ...
JE SUIS COINCÉ !
OK, TRÈS BIEN !
TU NE TROUVERAS PAS MEILLEURE PROF QUE MOI... ♡
GWEH HÉ HÉ HÉ...
ESSAIE... DE ME MÉNAGER...

CE DOIT ÊTRE UNE SORTE DE DON... REGARDE, IL Y A PLEIN DE MONDE, MAIS PERSONNE N'A ENCORE REMARQUÉ QUE TU ÉTAIS UN HOMME !
TU ES BIEN PLACÉ POUR PARLER, TOI ! TU N'IMAGINES PAS LA HONTE QUE JE RESSENS !
BAH... JE TE COMPRENDS, MAIS...
... POUR ÊTRE SINCÈRE, JE N'AI ENCORE VU PERSONNE QUI SE FASSE AUSSI BIEN PASSER POUR UNE FILLE QUE TOI !
PLUS JE JOUERAI CE RÔLE...
HA HA HA...
... ET PLUS MES DISPOSITIONS RISQUERONT DE SE MANIFESTER !
EH BIEN, APPRENDS VITE À JOUER LA FEMME, SI CETTE SITUATION NE TE PLAÎT PAS !
DEMAIN, C'EST DIMANCHE ! DEMANDE DONC À SHION DE T'ENTRAÎNER !
TU N'AURAS PAS À ENDURER ÇA TOUTE UNE SEMAINE, SI TU ARRIVES À CONVAINCRE LE CHEF DÈS LUNDI !
M'ENTRAÎNER À JOUER LA FEMME ? QUELLE BARBE !
DAICON
?

APRÈS UNE SEMAINE DANS DES VÊTEMENTS DE FILLE, CE RÔLE NE TE POSERA PLUS AUCUN PROBLÈME...
... CAR TON COMPORTEMENT SERA DEVENU EN TOUT POINT IDENTIQUE À CELUI D'UNE FEMME !
IL PLAISANTE ! VU LA FAMILLE QUE J'AI, QUE SE PASSERA-T-IL SI JE ME DÉGUISE EN FILLE...
MH... J'AI L'IMPRESSION D'ÊTRE LE PROFESSEUR HIGGINS, DANS MY FAIR LADY !
HA HA...
... ET QU'AVEC LE TEMPS, JE DÉCOUVRE QUE J'AI, MOI AUSSI, CERTAINES DISPOSITIONS...?!
NON ! JE REFUSE...
SOIT TU ACCEPTES, SOIT JE DIFFUSE TA VIDÉO.
MA SCÈNE DE DOUCHE NON CENSURÉE...
MINCE... ILS PROFITENT DE MES FAIBLESSES, EN PLUS !

CESSEZ DE PLAISANTER !
JE RESTERAI UN HOMME, MÊME MAQUILLÉ ! COMMENT POURRAIS-JE JOUER UNE FILLE ?!
DU CALME...
CELA FAIT 18 ANS QUE JE VIS EN HOMME ! ME FAIRE PASSER POUR UNE FILLE EST IMPOSSIBLE !
OH...
MASAHIKO A RAISON, CHEF... EN PLUS, IL VIENT D'ARRIVER AU CLUB, ET IL N'A ENCORE JAMAIS JOUÉ...
C'EST VRAI, MAIS...
BON, J'AI UNE SOLUTION...
À PARTIR DE MAINTENANT, ET DURANT UNE SEMAINE, TU PASSERAS TES JOURNÉES HABILLÉ EN FILLE !

F.COMPO

TOUT À FAIT ! CE SERAIT DU GÂCHIS DE TE RELÉGUER DANS UN SECOND RÔLE !
TU ES MILLE FOIS PLUS JOLIE QUE LES FILLES DU CLUB...
JE NE SAIS PAS POURQUOI, MAIS TU M'EXCITES...
DITES...
GLUP
J'AIMERAIS QUE TES CHEVEUX AIENT UN PEU PLUS DE VOLUME... UNE PERRUQUE FERA L'AFFAIRE !
OOH...
MGHH ...
TU AS DÉJÀ L'AIR D'UNE FEMME PARFAITE, COMME ÇA... VRAIMENT !
?!
TU M'AS INSPIRÉ, MASAHIKO ! JE TE NOMME HÉROÏNE DE MON PROCHAIN FILM !
MA... MASAHIKO, LE PREMIER RÔLE... FÉMININ ?!
...

16E JOUR
DANS LES HABITS D'UNE FILLE

C'EST PAS VRAI...!
MASAHIKO ?!
C'EST BIEN TOI ?!

F.COMPO

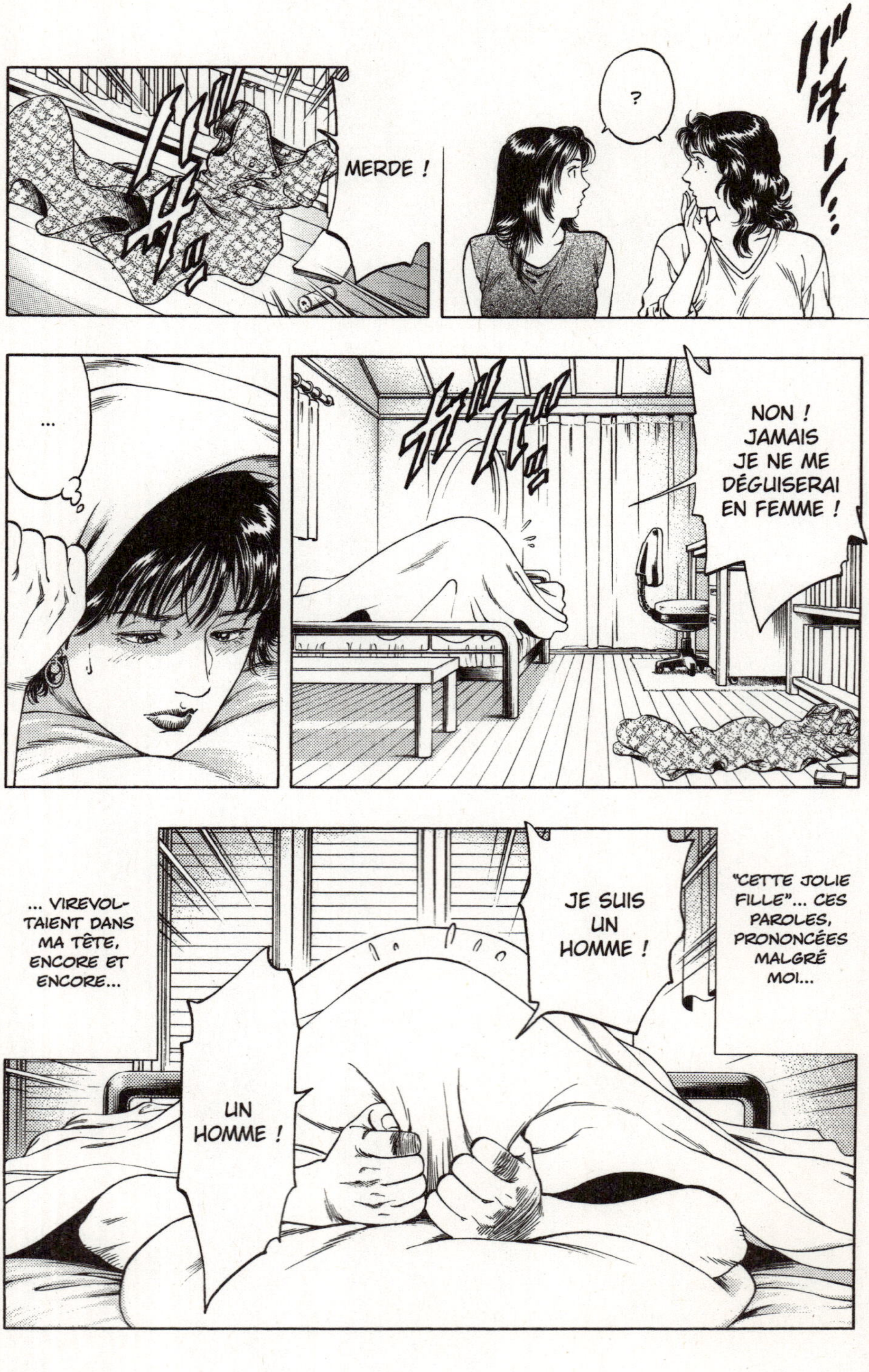
?
MERDE !
NON ! JAMAIS JE NE ME DÉGUISERAI EN FEMME !
...
"CETTE JOLIE FILLE"... CES PAROLES, PRONONCÉES MALGRÉ MOI...
JE SUIS UN HOMME !
... VIREVOLTAIENT DANS MA TÊTE, ENCORE ET ENCORE...
UN HOMME !

C'EST MOI, CETTE JOLIE FILLE...?
TU FERAS UN MAGNIFIQUE RÔLE FÉMININ ! IL NE RESTE QUE LE CHOIX DU COSTUME...
J'AI RIGOLÉ, PARCE QUE J'AI ÉTÉ SURPRISE QUE CE DÉGUISEMENT T'AILLE SI BIEN !
TU ES BIEN UN NEVEU DE MAMAN... LES LIENS DU SANG SONT LÀ !
LES LIENS DU SANG...
HÉ ?
MASA-HIKO ?

...
MAIS...?
ALLONS, TIENS-TOI DROITE !
TU AS TOUT D'UNE FILLE, REGARDE !
...
C'EST...

ALLONS, ESSAYE AU MOINS AVANT DE DÉCIDER !
NON, VRAIMENT... D'AILLEURS, JE PENSE REFUSER LE RÔLE DE... WAH !
MAIS SI, VOYONS... ALLEZ, CHANGE-TOI VITE !
NON, ÇA NE M'IRA PAS DE M'HABILLER EN FEMME...
ALLEZ, DÉPÊCHE-TOI ! TU NE VAS PAS EN MOURIR !
ATTENDEZ... NON...
WAH !
POURQUOI TU RIGOLES AINSI ? JE SUIS SI BIZARRE ?
TIENS, ADMIRE-TOI DANS LE MIROIR !
HM... LE RÉSULTAT N'EST PAS SI MAUVAIS...
...
HI HI...
ALLEZ, ADMIRE-TOI !
NON, JE N'AI PAS ENVIE DE ME REGARDER ! ET JE NE SUIS PAS TON JOUET !

MASAHIKO, VIENS VOIR !
MA S… QU'EST-CE QUE C'EST ?
C'EST SHION QUI M'A DIT ! ALORS COMME ÇA, TU VAS T'HABILLER EN FILLE ?
NOUS AL-LONS NOUS ENTRAÎNER UN PEU !
GH…
N… NON, INU-TILE…
JE SUIS TRÈS MOTIVÉE
JE VAIS TE MAQUILLER POUR FAIRE DE TOI UNE PARFAITE DEMOI-SELLE !

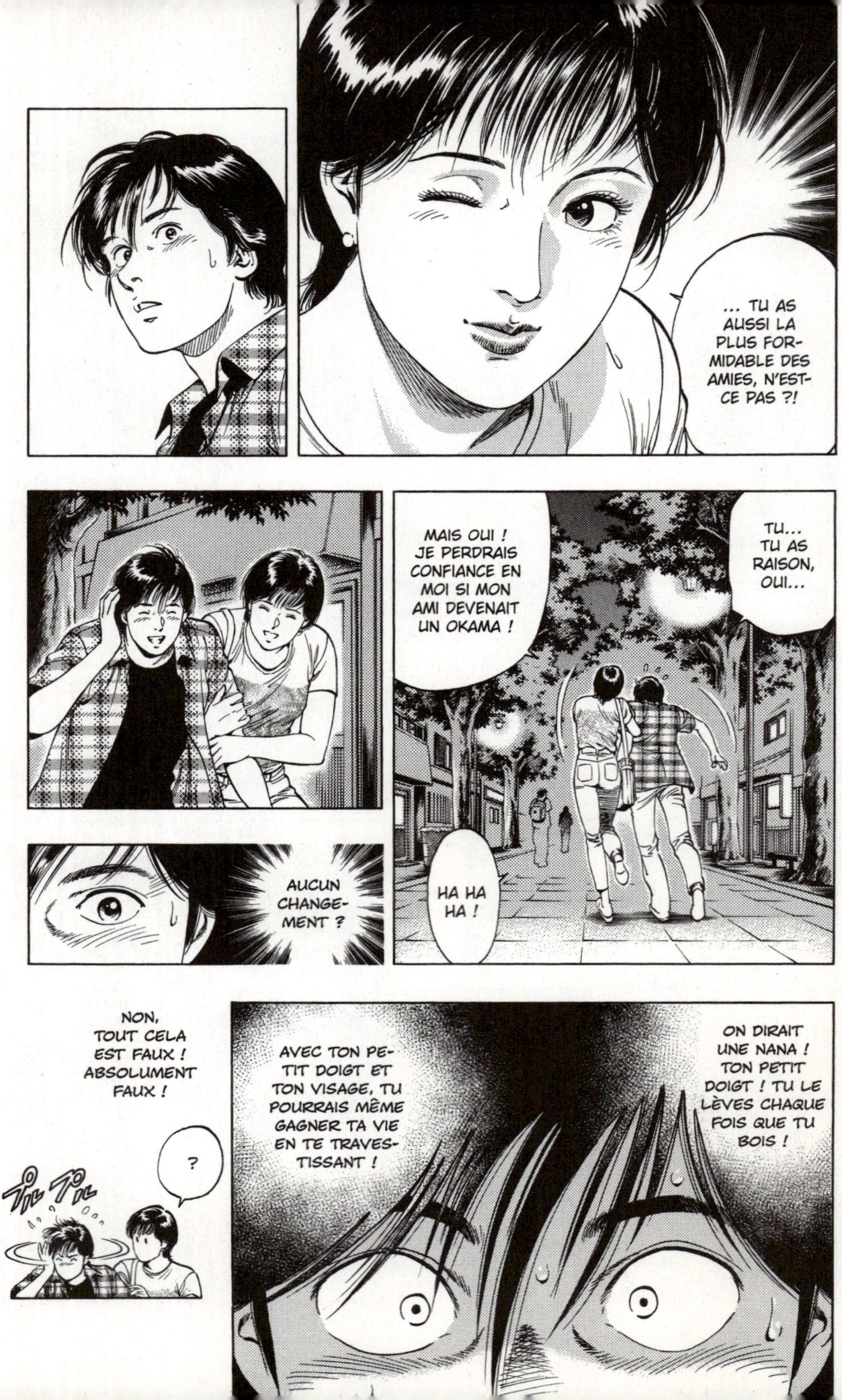
... TU AS AUSSI LA PLUS FORMIDABLE DES AMIES, N'EST-CE PAS ?!
TU... TU AS RAISON, OUI...
MAIS OUI ! JE PERDRAIS CONFIANCE EN MOI SI MON AMI DEVENAIT UN OKAMA !
HA HA HA !
AUCUN CHANGEMENT ?
ON DIRAIT UNE NANA ! TON PETIT DOIGT ! TU LE LÈVES CHAQUE FOIS QUE TU BOIS !
AVEC TON PETIT DOIGT ET TON VISAGE, TU POURRAIS MÊME GAGNER TA VIE EN TE TRAVESTISSANT !
NON, TOUT CELA EST FAUX ! ABSOLUMENT FAUX !
?

ずう〜〜〜ん
... HIKO ...
MASAHIKO...
... MASAHIKO, TU M'ENTENDS ?!
SI TU CONTINUES À TRAÎNER, JE RENTRE SEULE !
OUI...
NE T'EN FAIS PAS TROP POUR CE QU'A DIT SUSUMU !
D'ACCORD...
TU HABITES CHEZ SORA DEPUIS DEUX MOIS ET TU NE MONTRES AUCUN SIGNE DE CHANGEMENT, NON ?
C'EST VRAI...
D'AUTRE PART...

LES ÊTRES HUMAINS, CONFRONTÉS À CETTE SITUATION, SE DIVISENT EN DEUX GROUPES ! CEUX QUI, NE POUVANT ACCEPTER, FUIENT AUSSITÔT...
... ET CEUX QUI CHOISISSENT DE RESTER, LAISSANT CE NOUVEAU CONTEXTE LES IMPRÉGNER JUSQU'AU PLUS PROFOND D'EUX-MÊMES !
QUOI ?
DE NOMBREUX ASSISTANTS SE SONT SUCCÉDÉ CHEZ MAÎTRE SORA, POUR SOUVENT RENONCER LE JOUR MÊME...
SEULES TROIS PERSONNES SONT RESTÉES, MAKO, HIRO ET KAZUKO... TOUTES LES TROIS ÉTAIENT DES HOMMES, AU DÉBUT !
C'EST AINSI QUE ÇA FONCTIONNE !
...

JE T'AVAIS PRIS POUR MODÈLE !
J'ENVIAIS TON CÔTÉ MASCULIN... TA FORCE... JE... JE...
IL EST COMPLÈTEMENT ANACHRONIQUE, LUI !
JE...
たあ
ALLONS, NE PLEURE PAS, MA-SAHIKO...
... TU COMPRENDRAS BIENTÔT, TOI AUSSI !
PUISQUE TU VIS DANS CE MILIEU, AUQUEL TU T'ES BIEN ADAPTÉ !
HEIN ?

C'EST UN TEL BONHEUR POUR MOI...
... D'ÊTRE COMME JE SUIS ACTUELLEMENT.
...
OUI... JE PEUX COMPRENDRE.
TU AS VOYAGÉ JUSQU'AUX ÉTATS-UNIS POUR TE FAIRE OPÉRER, APRÈS TOUT... ALORS, CETTE APPARENCE EST SANS AUCUN DOUTE...
NON !!
TU ÉTAIS SI VIRIL, AUTREFOIS ! SI MASCULIN !!
TU AS MÊME MIS EN FUITE CES VOYOUS QUI VOULAIENT ME RACKETTER !

... J'AI FINI PAR ENTRER DANS LA DANSE, ET J'AI ENLEVÉ MES VÊTEMENTS. ♡
JE N'OUBLIERAI JAMAIS CETTE SCIRÉE...
... CAR MA VÉRITABLE NATURE, JUSQU'ALORS ENFERMÉE À DOUBLE TOUR, S'ÉTAIT LIBÉRÉE...
...
SORS UN ŒIL DE TON EXTASE, LÀ...
ENSUITE, IL NE M'A PAS FALLU LONGTEMPS POUR DEVENIR CE QUE JE SUIS AUJOURD'HUI.
...
AUJOURD'HUI J'AI...
... L'APPARENCE QUE J'AURAIS TOUJOURS DÛ AVOIR.
...
A... ALLONS, IL N'EST PAS TROP TARD POUR REDEVENIR UN HOMME, ET...
NE SOIS PAS BÊTE, J'AI UN CORPS DE FEMME, MAINTENANT !

JE PRÉFÉRERAIS... NE PAS M'EN SOUVENIR...
C'ÉTAIT SI INCROYABLE QUE ÇA ?
JE TE COMPRENDS... MOI AUSSI, ÇA A ÉTÉ INCROYABLE, LA PREMIÈRE FOIS...
MAIS MOI, JE VOULAIS TRAVAILLER CHEZ SORA POUR DEVENIR MANGAKA !
JE NE VOULAIS PAS, COMME SES ASSISTANTES L'AVAIENT FAIT, ENTRER DANS CE MONDE...
SES ONGLES SONT VERNIS ...!!
CES FÊTES HEBDOMADAIRES FURENT TOUTEFOIS UNE VÉRITABLE ÉPREUVE...
HEIN... QUOI ?! SORA FAIT LA FÊTE CHAQUE SEMAINE ?!
MAIS OUI, À CHAQUE RENDU DE MANUSCRIT !
CELA N'A PAS DÛ ÊTRE... FACILE ?
HA HA HA...
EH BIEN... SACRÉ MAÎTRE SORA !
UN JOUR, EN LES OBSERVANT... JE ME SUIS DIT QUE TOUS CES GENS SEMBLAIENT VRAIMENT HEUREUX, ENSEMBLE...
AU DÉBUT, JE PENSAIS QUE MON MALAISE VENAIT DE MA MISE À L'ÉCART DE CE MONDE...
ET PUIS, SANS M'EN RENDRE COMPTE...
...

OUPS, PARDONNEZ-MOI...
ÇA... ÇA VA...
し・・・ん
QUAND MÊME...
... JE N'ARRIVE TOUJOURS PAS À Y CROIRE... QUE TOI, TU SOIS DEVENU UN... UNE FEMME...
おい・・
ぷか・・
VOUS AVEZ DÉJÀ ASSISTÉ AUX FÊTES DE SORA ?
OUI, UNE FOIS...
MOI, PAS ENCORE ...
J'IMAGINE QUE CE FUT INOUBLIABLE ?
ON PEUT DIRE ÇA...

POUR NOUS AUSSI... LA SURPRISE EST TOTALE...
ET... ET TOI... COMMENT, EUH...
HÉ... C'EST PAS UN TRAVESTI, LÀ ?
...
UN TRAVESTI COSTAUD !
OUI, DONC...
VOUS ALLEZ LA FERMER, VOUS AUTRES ?!
!!
J'AI TOUT D'UNE FEMME, MOI ! J'AI VENDU MES BIBELOTS !
A... ALLONS...

TU T'EN ES SÉPARÉ, VRAIMENT ?!
BIEN SÛR ! C'ÉTAIT LA RAISON DE MON VOYAGE AUX ÉTATS-UNIS !
OH LÀ LÀ, JE SUIS JALOUSE...
IL... EST ALLÉ AUX ÉTATS-UNIS...
... POUR... POUR CHANGER DE SEXE...
JE...
JE NE PEUX Y CROIRE...
CROAA
KYAAH KYAAH ♡
...
OPEN
COFFEE HOUSE Hitomi SINCE 1985
QUELLE SURPRISE !
VOUS RETROUVER, TOUS LES DEUX, CHEZ MAÎTRE SORA !

SUSU, C'EST TOI !
BONJOUR TOUT LE MONDE ! VOUS ALLEZ BIEN, APRÈS TOUT CE TEMPS ?
TU AURAIS PU NOUS PRÉVENIR, QUE TU RENTRAIS AU JAPON !
JE SUIS DÉSOLÉE, MAÎTRE ! JE VOULAIS VOUS FAIRE UNE SURPRISE, ALORS JE SUIS VENUE DIRECTEMENT DE L'AÉROPORT !
KYAAH ! ÇA FAIT SI LONG-TEMPS !
...
REGARDEZ-MOI CETTE POITRINE ! EST-CE QUE, PAR HASARD...
MAIS OUI, ELLE EST VRAIE !
VOUS POUVEZ TOUCHER, CE N'EST PLUS UN SOUTIEN-GORGE REMBOURRÉ !
EN EFFET, DIS DONC !
JE SUIS UNE FEMME À 100 %, MAINTENANT !
J'AI MÊME RENONCÉ AUX BIJOUX DE FAMILLE !
HMM... ♡

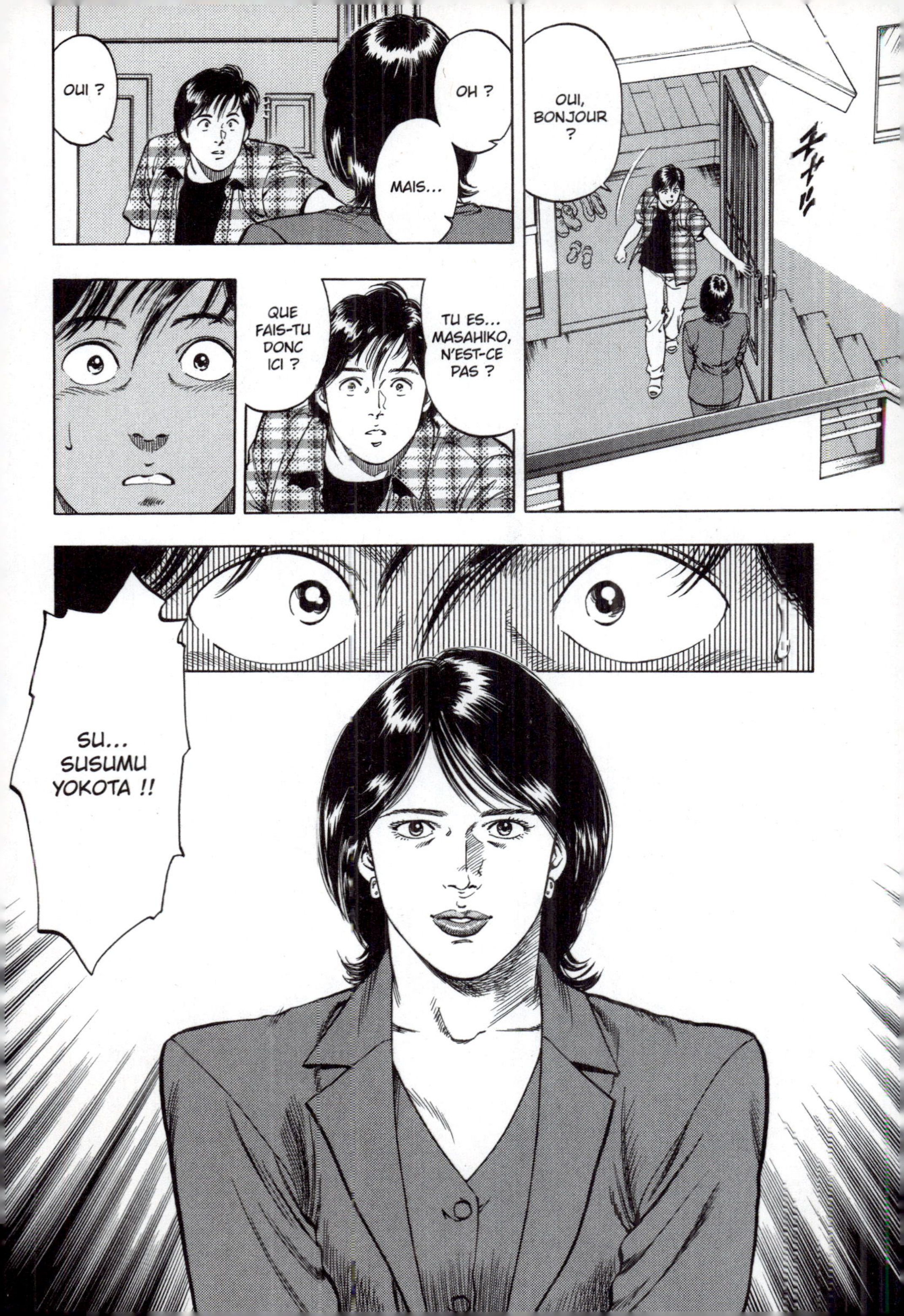
OUI, BONJOUR ?
OH ?
MAIS…
OUI ?
TU ES… MASAHIKO, N'EST-CE PAS ?
QUE FAIS-TU DONC ICI ?
SU… SUSUMU YOKOTA !!

…
ALORS, SUSUMU TRAVAILLAIT ICI ?
HA HA HA ! C'EST VRAIMENT SUPER, COMME HISTOIRE !
JE COMMENCE À COMPRENDRE …
… LA RAISON DE SON CONGÉ …
QUELQU'UN D'AUSSI MASCULIN QUE SUSUMU, DANS UN TEL ENVIRONNEMENT…
OUI, ÇA N'A PAS DÛ LUI CONVENIR BIEN LONGTEMPS…
MAIS NON, VOUS VOUS TROMPEZ.
L'ENVIRONNEMENT ÉTAIT TOUT SAUF UN PROBLÈME, POUR NOTRE SUSU !
PARDON ?
VOUS VOULEZ SAVOIR POURQUOI IL EST PARTI AUX ÉTATS-UNIS ?
TIENS ? QUI EST-CE, À CETTE HEURE ?
MLLE MORI N'AVAIT POURTANT PAS PRÉVU DE PASSER…
AH… JE VAIS VOIR…

COMMENT S'APPELLE-T-IL… ?!
EUH… SON PRÉNOM, C'EST…
SUSU-MU…
IL S'AP-PELLE SUSUMU YOKOTA.
NOTRE SUSU ?!
…
LE MONDE… EST VRAI-MENT PE-TIT…
若苗

EN CONGÉ ?
IL EST PARTI AUX ÉTATS-UNIS ! J'AIMERAIS TANT VISITER CE PAYS, MOI AUSSI...
VOUS PENSEZ VRAIMENT QUE YOKOTA REVIENDRA, MAÎTRE ?
MH ?
EH BIEN, VU QU'IL AURAIT DÛ RENTRER CE PRINTEMPS...
YOKO-TA...?
ÇA M'ARRANGERAIT BIEN QU'IL REVIENNE, C'EST SÛR...
MAIS BON, IL NE DONNE AUCUNE NOUVELLE... QUI SAIT OÙ IL EST, CE QU'IL FAIT ?
...
À PROPOS, TU TE SOUVIENS DE CE YOKOTA QUI ÉTAIT DEUX CLASSES AU-DESSUS DE NOUS, AU LYCÉE ?
HEIN ?
IL ÉTAIT DANS LE CLUB DE DESSIN, AVEC MOI... IL AVAIT UN SACRÉ COUP DE CRAYON...
AAH, CE YOKOTA, CELUI QUE PERSONNE N'AURAIT PU IMAGINER DESSINER DES MANGAS ?!
OUI, LUI ! ON DIT QU'APRÈS L'OBTENTION DE SON DIPLÔME, IL EST DEVENU L'ASSISTANT D'UN CÉLÈBRE MANGAKA...
IL AVAIT UNE DE CES CLASSES... UN VRAI JUSTICIER, DIGNE DES PERSONNAGES DESSINÉS PAR SORA...
DONT IL ÉTAIT FAN, D'AILLEURS...

MASAHIKO, C'EST TOI !
DEPUIS LE SCANDALE QU'ELLE AVAIT PROVOQUÉ, YOKO ASAOKA VENAIT FRÉQUEMMENT À LA MAISON...
ALORS, ÇA MARCHE BIEN ?
OUI, PLUS OU MOINS ...
ALLEZ, UN PEU DE REPOS...
ELLE VENAIT DONNER UN COUP DE MAIN QUAND SORA ÉTAIT DÉBORDÉ DE TRAVAIL...
CE DERNIER VOYANT QU'ELLE DESSINAIT PLUTÔT BIEN, EN AVAIT FAIT SON ASSISTANTE TEMPORAIRE.
TU NOUS AIDES BEAUCOUP, YOKO ! GRÂCE À TOI, NOUS POUVONS MÊME FAIRE DES PAUSES...
C'EST VRAI, JE NE SUIS PAS UN POIDS POUR VOUS ? C'EST MA PLUS GRANDE CRAINTE...
C'EST QUAND MÊME PLUS EFFICACE QUAND ON EST QUATRE ASSISTANTES...
TU L'AS DIT... À TROIS POUR UN RENDU HEBDOMADAIRE, C'EST UN PEU LIMITE...
JE ME DEMANDE QUAND NOUS SERONS À NOUVEAU QUATRE DANS L'ÉQUIPE...
IL Y AVAIT QUELQU'UN DE PLUS, AVANT ?
OUI, JUSQU'À L'ÉTÉ DERNIER !
IL EST ACTUELLEMENT EN CONGÉ POUR RAISONS PERSONNELLES...

MAIS NON, JE VOULAIS JUSTE DIRE QU'À LA MAISON, NOUS SOMMES DES EXPERTS DU DÉGUISEMENT FÉMININ ! NOUS ALLONS FAIRE DE TOI UNE FEMME PARFAITE, TU VAS VOIR !
TU N'IMAGINES PAS L'ÉTENDUE DE NOTRE TALENT ! TU NE REGRETTERAS PAS DE NOUS AVOIR FAIT CONFIANCE !
...
TOUT CELA NE ME RÉCONFORTE PAS LE MOINS DU MONDE...
CELLE QUI DOIT TE RÉCONFORTER, APRÈS TOUT, CE N'EST PAS MOI, MAIS TA COPINE !
MA COPINE ?
OUI, YOKO ! ELLE EST LÀ, AUJOURD'HUI...
TOC TOC
OUAIS...
JE RENTRE...

TU ME RENDS UN FIER SERVICE, D'AUTANT QUE LES ACTRICES SONT PEU NOMBREUSES, AU CLUB ! JE COMPTE SUR TOI, MASAHIKO !
QUOI ...?
IL... IL A BIEN DIT "ACTRICE" ?
DES VÊTEMENTS FÉMININS ?
OOH, TU VAS JOUER UN RÔLE DE FEMME DANS UN FILM ? C'EST AMUSANT. ♡
AH, TU TROUVES ?! JAMAIS JE NE POURRAI FAIRE UN TRUC PAREIL !
CE MAUDIT RÉALISATEUR M'EN VEUT PERSONNELLEMENT DE NE PAS AVOIR PU TE FILMER NUE !
VOILÀ POURQUOI IL M'A DEMANDÉ...
MOI, JE PENSE QU'UN TEL RÔLE EST PARFAIT POUR TOI...
BIEN SÛR, AVEC MON VISAGE DE FILLE !

...
MAIS TU AS CHANGÉ... TU ES PLUS DÉTENDU, PLUS SOURIANT...
C'EST VRAI... IL FAUT DIRE QU'AU DÉBUT DE L'ANNÉE, JE VENAIS D'ARRIVER CHEZ LES WAKANAE.
IL M'A FALLU DU TEMPS POUR M'HABITUER À CET ENVIRONNEMENT.
AVEC TON PETIT DOIGT ET TON VISAGE, TU POURRAIS MÊME GAGNER TA VIE EN TE TRAVESTISSANT !
OUI, MON CHOU... ET À CE MOMENT-LÀ, TU PASSERAS ME VOIR, JE TE FERAI LA TOTALE... ♡
HA HA HA !
BEURK, J'VAIS VOMIIIR...
SALUUT ...
AH, CHEF...
UN VISAGE FÉMININ, HEIN...
JE VOIS... CELA OUVRE DE NOUVELLES PERSPECTIVES...
EN FAIT, MASAHIKO, LE CASTING DE MON PROCHAIN FILM EST INCOMPLET ...
... TU POURRAIS PEUT-ÊTRE PARTICIPER ?
ET MOI, CHEF, VOUS ME LAISSEZ SUR LA TOUCHE ?
D'ACCORD...
SI JE FAIS L'AFFAIRE...
BON, C'EST DÉCIDÉ ! UN HOMME N'A QU'UNE PAROLE, HEIN ?!

ARRÊTE DE FAIRE ÇA ! ON DIRAIT UNE NANA !
PARDON ?
TON PETIT DOIGT ! TU LE LÈVES CHAQUE FOIS QUE TU BOIS !
C'EST VRAI...?! JE N'AVAIS PAS REMARQUÉ...
じ…っ
?
À BIEN Y REGARDER, TU AS UN VISAGE PLUTÔT FÉMININ, TOI...
QU'EST-CE QUI TE PREND, TOUT À COUP ?
RIEN... MAIS JE N'AVAIS ENCORE JAMAIS RÉALISÉ. EN FAIT, AU DÉBUT DE L'ANNÉE...
... TU AVAIS TOUJOURS L'AIR SOMBRE ET TENDU...

15e JOUR
UNE NOUVELLE ACTRICE EST NÉE ?!

F.COMPO

TATSUHIKO... EST BIEN UNE FEMME !
OUI...
JE DOIS ME CONVAINCRE D'EN ÊTRE UNE, MOI AUSSI...
MOI, JE VAIS FAIRE UN RÉGIME !
ET MOI, JE VAIS REVOIR MA COUPE !
MOI AUSSI... JE DOIS ME CONVAINCRE D'ÊTRE UN HOMME !

PARDONNE-MOI...
HOTEL
APRÈS TOUT ÇA, JE SUIS FATIGUÉE, MAIS HEUREUSE !
PASSEZ DONC NOUS VOIR À LA MAISON !
MERCI... MME WAKANAE !
MAIS JE N'AI RIEN FAIT DE SPÉCIAL...
BIEN SÛR QUE SI ! MERCI !!

BAH... J'AI UTILISÉ MA BOTTE SECRÈTE.
TA... BOTTE SE-CRÈTE ?
...
CELLE-CI !
TU LAISSES TOUT LE MONDE TE TRIPOTER, MAINTE-NANT ?!
LA SITUA-TION NE ME LAISSAIT PAS D'AUTRE CHOIX !
ILS S'EN-TENDENT... VRAIMENT BIEN...
CE N'EST PAS UNE RAISON !
TU L'AS DIT...
DÉSOLÉ...
JE T'AI FAIT MAL... LEVER LA MAIN SUR UNE FEMME, QUELLE HONTE...
...
NON...

EH BIEN, EN FAIT...
C'EST TOI, CHÉRI ?!
LE MARI DE KYOKO N'EST PAS MAL NON PLUS.
DIS DONC, TOI...
...
J'AI ÉTÉ DRÔLEMENT SURPRIS QUAND IL A FAIT IRRUPTION CHEZ NOUS...
J'AI MIS UNE ÉTERNITÉ À LUI EXPLIQUER, POUR TOI ET MOI...
C'EST BIEN NORMAL... MAIS TU SEMBLES L'AVOIR CONVAINCU !

...
YUKARI...
CHÉRI !
QUOIII ?!
C'EST SON MARI ? C'EST UNE FEMME, LUI ?!
QUELLE CLASSE... C'EST UN HOMME, C'EST SÛR !
QUE FAIS-TU ICI ?
IL EST SI CHARMANT. ♡

?
... J'AI TOUJOURS VOULU AIMER MON ÉPOUX COMME UNE FEMME... TOUT SIMPLEMENT...
... J'AI TOUJOURS VOULU QUE MON MARI ME VOIE COMME UNE FEMME, ET QU'IL M'AIME AINSI...
... ÊTRE UNE FEMME ..
C'EST BIEN BEAU, MAIS PASSÉ LES 35 ANS, NOUS SOMMES JUSTE DES VIEILLES PEAUX !
MON ÉPOUX AUSSI DOIT VEILLER À ÊTRE UN HOMME, SINON NOTRE COUPLE NE PEUT FONCTIONNER...
... ALORS, JE DOIS ME VOIR COMME UNE FEMME POUR POUVOIR EN ÊTRE UNE...
... MAIS MOI, J'AI UN CORPS D'HOMME...
VOUS DITES CELA PARCE QUE VOUS ÊTES DES FEMMES, JUSTEMENT...
...

ET TOI, TAT-SUHIKO… LE MARIAGE N'A RIEN CHANGÉ, DANS TON COUPLE ?!
NON, RIEN…
MENSONGE ! LE MARIAGE FINIT TOUJOURS PAR AVOIR RAISON DE L'AMOUR !
DU CALME, KYOKO !!
ALLONS, IL Y A TOUJOURS DES EXCEPTIONS !
VOUS ALLEZ SANS DOUTE PENSER …
… QU'UN HOMME COMME MOI NE SAIT PAS DE QUOI IL PARLE, MAIS…
…
… AU PLUS PROFOND DE MOI, J'AI TOUJOURS VOULU ÊTRE UNE FEMME…

JE LUI AI DIT QUE JE LE QUITTAIS POUR VIVRE AVEC TOI... ET JE SUIS PARTIE EN CLAQUANT LA PORTE POUR VENIR ICI...
ALORS, POUR LE FAIRE ENRAGER, JE LUI AI DIT AVOIR TOUJOURS ENTRETENU UNE RELATION AVEC TOI, TATSUHIKO !
C'EST BIEN VRAI...
C'EST DONC PARTOUT PAREIL...
QUEL MALOTRU, JE VOUS JURE !
MON MARI AUSSI ME DIT QUE MON CORPS N'EST PLUS CELUI D'UNE FEMME...
...
ALLONS, NE FAIS PAS L'INNOCENTE ! LES BEAUX SENTIMENTS NE RÉSISTENT PAS À 10 ANS DE MARIAGE !
MAIS... VOUS NE VOUS ÊTES PAS MARIÉES PAR AMOUR ?
...
QUANT AU MIEN, C'EST UN OURS QUI PASSE SON TEMPS À RONFLER SUR LE CANAPÉ...
ENFIN, TANT QU'IL RAMÈNE L'ARGENT À LA MAISON... JE LE LAISSE PARLER, MAIS JE N'EN PENSE PAS MOINS !

JE N'EN PEUX PLUS...
KYOKO...?
NOTRE COUPLE NE TIENT PLUS DEBOUT...
C'EST POUR NOS ENFANTS QUE NOUS RESTONS EN-SEMBLE...
LE MOINDRE REGARD DÉCLENCHE UNE DISPUTE... IL NE PENSE QU'À SON TRA-VAIL, M'ACCUSE DE NE PLUS ÊTRE SA FEMME, MAIS SEULEMENT LA MÈRE DE SES ENFANTS...
...
... ET CHAQUE SOIR, C'EST LA GUERRE POUR LE MOINDRE PRÉTEXTE...
COMME CETTE RÉUNION APPROCHAIT, JE ME SUIS SOUVENUE DE LA GENTIL-LESSE DE TAT-SUHIKO...
... ALORS J'AI TOUT DÉBALLÉ À MON MARI... JE LUI AI DIT QUE JE REGRETTAIS NOTRE MARIAGE, DE NE PAS AVOIR CHOISI UN BEL HOMME COMME TATSUHIKO...
IL A HURLÉ QUE JE N'AVAIS QU'À PARTIR ET REJOINDRE CE "BEL HOMME"...

ET PUIS, NOUS VOILÀ "TOUTES LES DEUX", À NOUS MAQUILLER...
IL Y A DE QUOI RIRE... HI HI...
...
IL S'EST PASSÉ QUELQUE CHOSE, NON ?
TU LE CACHES AVEC DU FOND DE TEINT... CET HÉMATOME, SOUS L'ŒIL !
JE L'AI REMARQUÉ DÈS QUE JE T'AI VUE.
CE BLEU... TU AS ÉTÉ FRAPPÉE, N'EST-CE PAS ?
...
C'EST... C'EST TROP...
TOUT EST FINI ENTRE NOUS...

MAIS JE NE L'AI JAMAIS REÇUE !
クスクス…
PAR-DON ?
NOUS NOUS ENTENDIONS SI BIEN, NOUS QUATRE… JE NE VOULAIS PAS BRISER CETTE AMITIÉ !
C'EST NORMAL, ELLE EST TOUJOURS CHEZ MOI.
CAR, SI JE TE L'AVAIS EN-VOYÉE… MA VIE AURAIT PEUT-ÊTRE ÉTÉ DIFFÉ-RENTE…
JE N'AI PAS REN-CONTRÉ D'AUTRE HOMME COMME TOI, AVEC QUI JE M'ENTENDE BIEN… AVEC QUI J'AURAIS PU FONDER UN FOYER HEU-REUX…
MAIS… J'AI TOUJOURS REGRETTÉ…
…

C'EST TOI QUI VAS LA FERMER ! TU ME DÉRANGES EN PLEIN BOULOT POUR DES SALADES, HEIN ?!
J'VAIS TE FAIRE LA PEAU, MOI !
IL EST IRASCIBLE, QUAND SON TRAVAIL N'AVANCE PAS BIEN.
JE... JE SUIS CONTRE LA VIOLENCE...
PA... PARLONS, PLUTÔT !
TOILET
DIS, TATSUHIKO...
JE T'AI ÉCRIT UNE LETTRE D'AMOUR, AU COLLÈGE !
VRAIMENT ?

LES ENFANTS SONT SORTIS, EUX AUSSI... PFF...
OUI, QUI EST LÀ ?!
JE SUIS BIEN CHEZ... TATSUHIKO WAKANAE ?
HEIN...?
AH OUI... IL PARLE DE YUKARI !
EUH... OUI !
IL FAUDRA REPASSER CE SOIR SI VOUS...
SALAUD ! OÙ EST KYOKO ?! OÙ EST MA FEMME ?!
HEIN ?!
KYOKOOO ! C'EST MOIII ! MONTRE-TOIII !
UN INSTANT... VOUS VOULEZ QU...
TA GUEULE ! AMANT DE MA FEMME !

DIS-MOI, KYOKO, TON VISAGE...
OUI ...?
QU'Y A-T-IL ?
NON, RIEN... PARDONNE-MOI.
DING DOONG
DING DOONG
DING DOONG
DING DOONG
GRR...
...
GRR...
MERDE ! Y A PERSONNE, OU QUOI ?!
C'EST QUI, CE LOURD QUI N'ARRÊTE PAS DE SONNER ALORS QUE LA MISE EN PLACE DE MES DIALOGUES N'AVANCE PAS ?!

TU AS ENTENDU ÇA ? UN COUPLE DE TRAVESTIS !
QUELLE HORREUR !
ELLE EST BRISÉE, LEUR IDOLE DU CLUB D'IKEBANA !
JE NE SERAIS JAMAIS VENUE, SI J'AVAIS SU ! QUELLE DÉCEPTION !
QU'EST-CE QUI LEUR PREND ?! ELLES QUI NE PARLAIENT QUE DE TATSUHIKO !
LAISSE TOMBER... ELLES SONT JALOUSES DE SA BEAUTÉ !
TOUT VA BIEN !
JE SUIS HABITUÉE !
TU SAIS... JE PENSE TE COMPRENDRE...
TU NE RESSEMBLAIS PAS AUX AUTRES GARÇONS, TATSUHIKO...
COMMENT DIRE...? TU DONNAIS L'IMPRESSION D'ÊTRE UN GARÇON MALGRÉ TOI...
C'EST VRAI... AUCUN GARÇON N'AURAIT TENU COMME TU L'AS FAIT, DANS UN CLUB DE FILLES...
NOUS N'AVIONS PAS DE PROBLÈME POUR DISCUTER... NOUS NOUS ENTENDIONS COMME DES FILLES !
VOUS ÊTES SANS DOUTE DEVENUE CE QUE VOUS AVEZ TOUJOURS ÉTÉ... MADAME WAKANAE !

OU...
OUI, C'EST BIEN MOI...
COMMEEENT ?!
JE N'ARRIVE TOUJOURS PAS À CROIRE QUE TU SOIS DEVENU UNE FEMME...
MOI NON PLUS...
CELA A DÛ VOUS FAIRE UN CHOC, JE SUIS DÉSOLÉE... JE VOULAIS PARTIR AVANT QUE VOUS NE RÉALISIEZ...
TU AS UN MARI ?
OUI.
TU N'AS PAS D'ENFANTS, QUAND MÊME...?
SI, UNE FILLE !
ALORS, TON "MARI" EST UNE FEMME ?
OU... OUI... ENFIN... ELLE EST TRÈS MASCULINE...
C'EST DÉLICAT À EXPLIQUER...
TON MARI SERAIT... UNE ONABE ?!
PARDON ! MA QUESTION EST DÉPLACÉE...

QUE DE SOUVENIRS ! J'AI L'IMPRESSION D'ÊTRE DE RETOUR AU COLLÈGE, EN VOUS VOYANT TOUTES LES TROIS. ♡
AH... MAIS...
EXCUSEZ-NOUS, MAIS... QUI ÊTES-VOUS ?
JE NE FAIS QUE PASSER... VOUS AVEZ L'AIR EN PLEINE FORME...
JE SUIS VRAIMENT HEUREUSE D'ÊTRE VENUE !
...
EUH ...?
EH BIEN... JE DOIS Y ALLER, AU REVOIR !
TATSUHIKO...?
QUOI ?!
TATSUHIKO !
C'EST BIEN TOI ?!
...

DIS... QUI EST CETTE FEMME, LÀ-BAS ?
QUI ?
CETTE FEMME, À L'ENTRÉE...
JE NE LA CONNAIS PAS... ELLE FAISAIT PARTIE DE NOTRE CLUB ?
NON, JE N'AURAIS PAS OUBLIÉ UNE BEAUTÉ PAREILLE...
?
EST-CE TOI... KYOKO ?
OU... OUI...
J'EN ÉTAIS SÛRE ! TU ES RESTÉE LA MÊME !
EUH...
ET LÀ, CE SONT... AYA, ET...
OUI...
C'EST BIEN MOI...
... NORIKO, N'EST-CE PAS ?!

TATSUHIKO N'EST TOUJOURS PAS LÀ...
CELA FAIT DÉJÀ UNE HEURE QUE LA FÊTE A COMMENCÉ !
TU LUI AS BIEN ENVOYÉ UNE LETTRE, KYOKO ?
BIEN SÛR ! JE SUIS MOINS DISTRAITE QUE CERTAINES, MOI !
À MON AVIS, TATSUHIKO N'A PAS FORCÉMENT ENVIE DE VENIR VOIR DE VIEILLES COMMÈRES AVEC MARIS ET MARMOTS...
EN EFFET, TU N'AS PAS TORT...
J'AI PRIS 20 KILOS, MOI, DEPUIS CETTE ÉPOQUE...
TATSUHIKO, PAR CONTRE, A DÛ DEVENIR UN HOMME D'UNE GRANDE ÉLÉGANCE !
J'AI TELLEMENT ENVIE DE LE VOIR ! J'AI MÊME PRÉVENU MA FAMILLE QUE JE DÉCOUCHAIS, CE SOIR !
REGARDEZ-MOI CETTE CALCULATRICE ET SES ARRIÈRE-PENSÉES ! TATSUHIKO EST NOTRE IDOLE, À NOUS AUSSI !
DIS DONC, TU ME PARAIS BIEN MAQUILLÉE, TOI !
ET TOI, ALORS ?!
HA... HA HA...
ELLES N'ONT AUCUNE RETENUE...

*RÉUNION D'ANCIENS ÉLÈVES - CLUB D'IKEBANA DU COLLÈGE KASUGA

OH...!
VOUS... VOUS SORTEZ, YUKARI ?
OUI... JE PENSE RENTRER TÔT.
...
EH BIEN, À TOUT À L'HEURE !
À... À TOUT À L'HEURE, OUI !
POURQUOI FIXAIS-TU MAMAN, BOUCHE BÉE ?

*LE SEUL... TATSUHIKO... LONGTEMPS. LE TEMPS PASSE... CELA FAIT 20 ANS... DEPUIS L'OBTENTION DE NOTRE DIPLÔME. NOUS AVONS SÛREMENT BEAUCOUP DE CHOSES À NOUS RACONTER ! AYA ET NORIKO SE FONT, ELLES AUSSI, UNE JOIE DE TE REVOIR, TATSUHIKO ! NOUS COMPTONS SUR TOI ! KYOKO

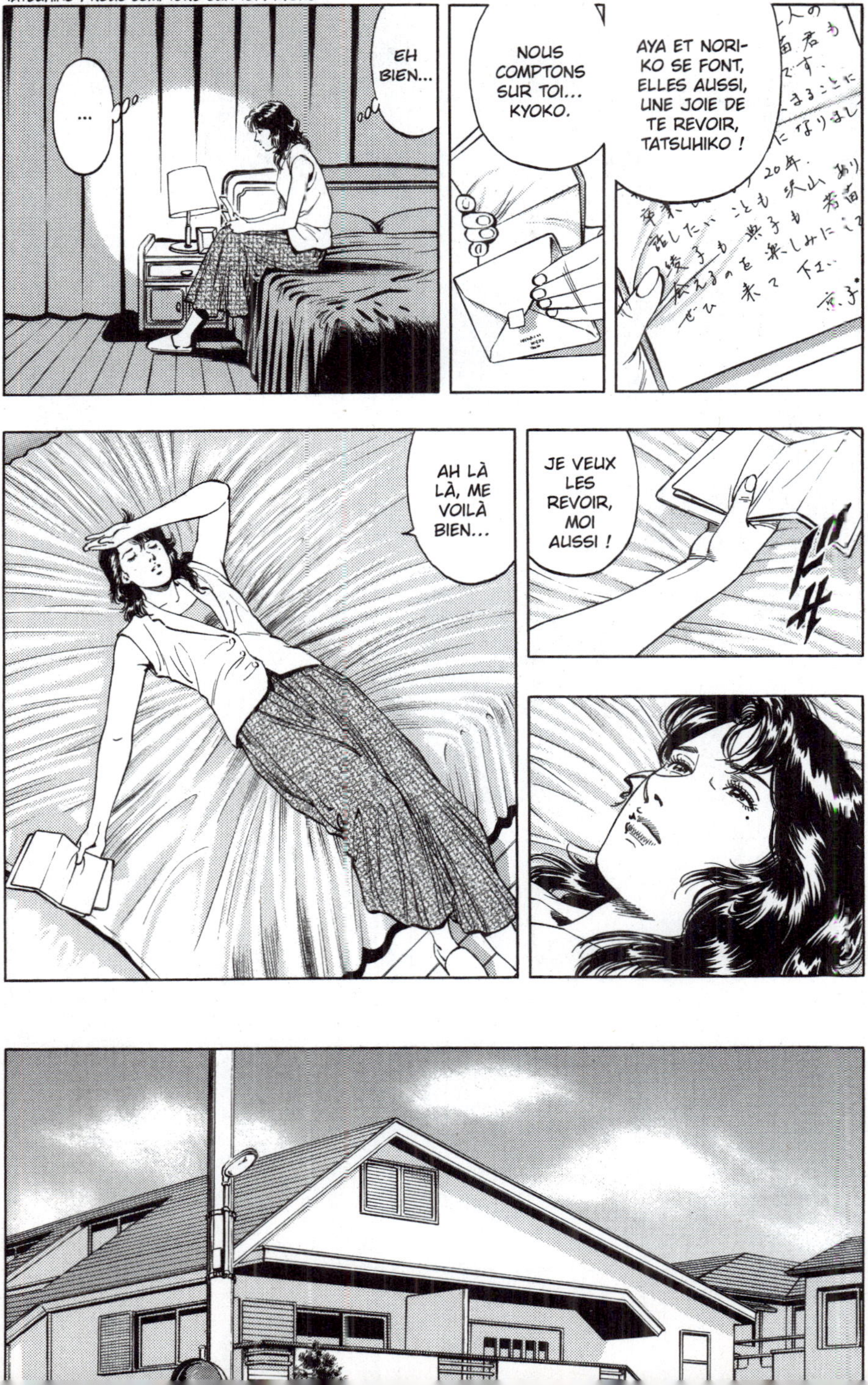

JE NE VAIS SANS DOUTE PAS Y ALLER...
...
MAIS, POURQUOI ?
JE N'AI PAS LE CHOIX, À VRAI DIRE !

*IKEBANA OU "VOIE DES FLEURS" : ART DE L'ARRANGEMENT FLORAL (NDT).

*NAKANO-KU SHIMO SAGINOMIYA
**KYOKO YAGI (NOM DE JEUNE FILLE : KISHIDA)

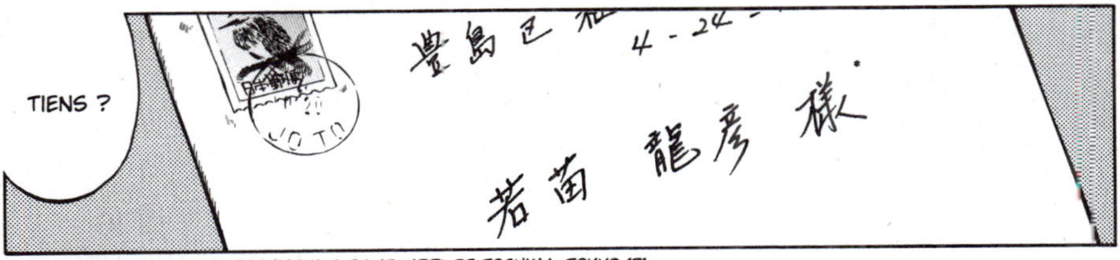

*M. WAKANAE TATSUHIKO, ZOSHIGAYA 4-24-15, ARR. DE TOSHIMA, TOKYO 171

14^E JOUR
MÉLANCOLIQUES RETROUVAILLES

F.COMPO

... JE NE SAIS PAS POURQUOI, MAIS...
ENFIN, SI ! BIEN SÛR QUE JE SAIS POURQUOI !
...
SORA ÉTAIT TRISTE QUE SHION SOIT DEVENUE UNE FEMME, QU'ELLE PUISSE BIENTÔT SE MARIER...
OR, NORMALEMENT, CE SONT LES ÉPOUSES QUI VONT S'INSTALLER CHEZ LEUR MARI... MAIS AVEC SHION, CE SERAIT PEUT-ÊTRE L'INVERSE ?!
...
QUANT À MOI, AU FINAL...
C'EST TA SCÈNE DE DOUCHE, EN VERSION COMPLÈTE !
SOIT TU VIENS AU CLUB, SOIT ON MONTRE CETTE CASSETTE À TOUTE LA FAC !
PAROLE D'ANCIENS !
ON VA TE FAIRE TRIMER !
ET ON RIGOLE PAS !
... J'INTÉGRAI LE CLUB DE CINÉMA...

UN PÈRE UN PEU TRISTE...
SORA ÉTAIT SOURIANT ET HEUREUX... MOI, PAR CONTRE...
C'EST QUOI, ÇA...
OOH, LA HONTE...
MAIS DEVANT LE FILM, CETTE IMPRESSION DISPARUT TOTALEMENT...

...
BON, PASSONS À LA PROJECTION...
... DE LA SHION D'AUJOURD'HUI !
...
SORA, QUI MARCHAIT DEVANT MOI...
... AVAIT TOUT D'UN PÈRE...

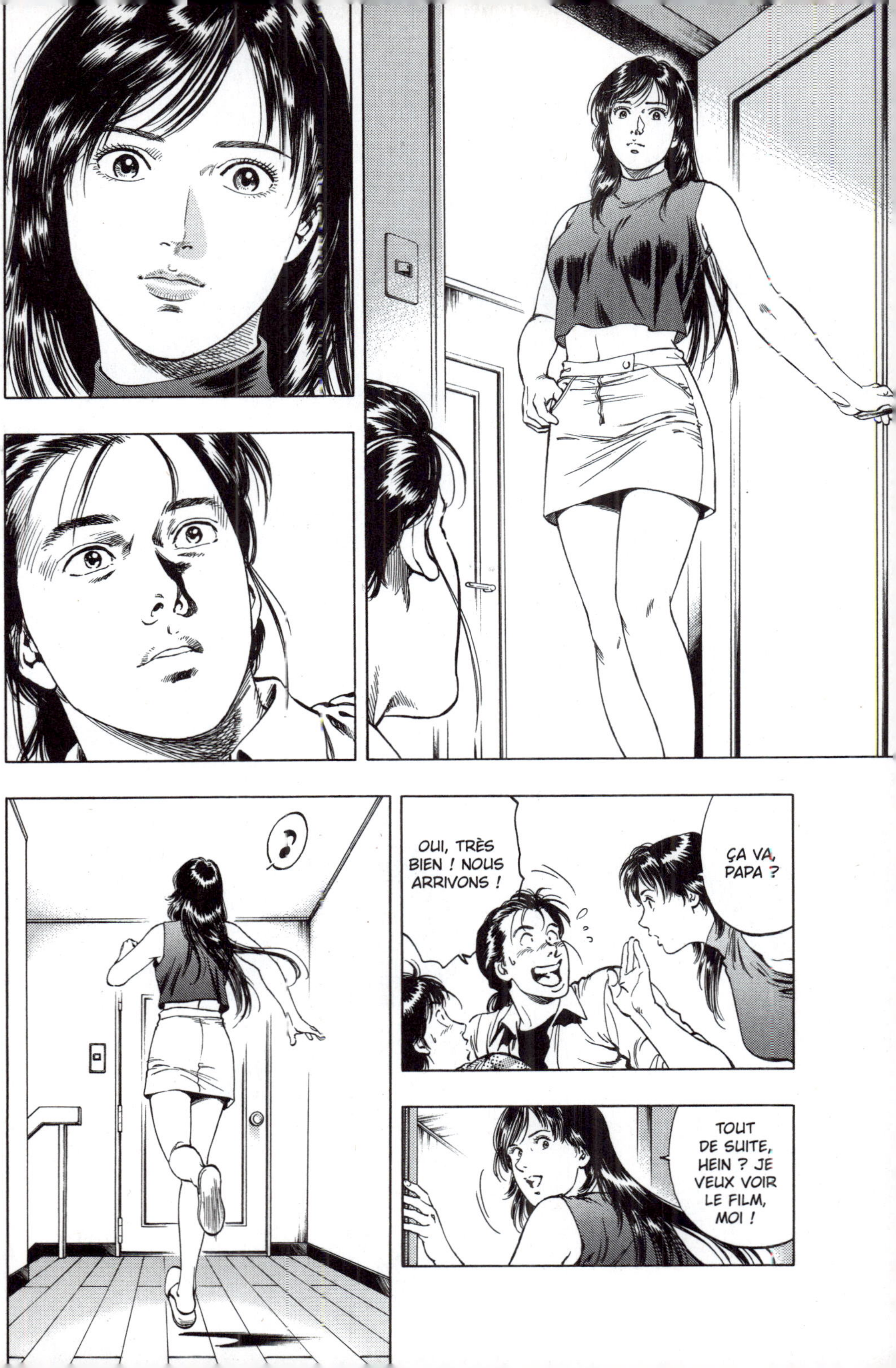
ÇA VA, PAPA ?
OUI, TRÈS BIEN ! NOUS ARRIVONS !
TOUT DE SUITE, HEIN ? JE VEUX VOIR LE FILM, MOI !

C'EST TERMINÉ…
…
SORA…
VOUS AVEZ VRAIMENT L'ATTITUDE… D'UN PÈRE…
C'EST… C'EST NORMAL, NON ?!
EH BIEN… C'EST QUE VOUS ÊTES LA MÈRE DE SHION, EN RÉALITÉ !
C'EST FAUX ! JE SUIS SON PÈRE ! ET NE T'AVISE PAS DE ME DIRE AUTRE CHOSE !
IL… IL N'Y A PAS DE QUOI S'ÉNERVER…
QUE TRAFIQUEZ-VOUS, TOUS LES DEUX ?

J'AI REÇU UN CHOC...
... QUAND J'AI VU SHION, SI ADULTE...
JE NE L'AI MÊME PAS VUE DEVENIR UNE FEMME.
J'AI L'IMPRESSION D'AVOIR TOURNÉ CE FILM HIER
JE PENSAIS QUE SHION ÉTAIT RESTÉE LA MÊME...
POURTANT, LES HOMMES VOIENT UNE FILLE BIEN DIFFÉRENTE...
... UNE SHION QUE L'ON PEUT AIMER, AVEC QUI L'ON PEUT FAIRE L'AMOUR OU SE MARIER.
AU FINAL, J'ÉTAIS LE SEUL À NE PAS M'EN RENDRE COMPTE...
AI-JE MANQUÉ D'ATTENTION, SUIS-JE JALOUX ? EN TOUT CAS, C'EST RAGEANT...
QUAND JE PENSE QUE D'ICI 10 ANS, ELLE SERA MARIÉE !
...

SORA, CE FILM...?
...
UNE PURE BEAUTÉ, NON ?
C'EST SHION À 3 ANS !
J'AVAIS MOINS DE TRAVAIL, À L'ÉPOQUE...
ALORS, J'AI BEAUCOUP FILMÉ SHION.
JE VOIS...
ARRÊTE, SHION ! TU ME FAIS BOUGER !
HA HA HA !

PA… PAAA !
TU FAIS QUOI, PAPAAA ?
C'EST QUOI, ÇA ?
NE TOUCHE PAS, SHION… PAPA EST EN TRAIN DE TE FILMER !
HA HA HA ! C'EST RIGOLO !
…

...
?
TIENS ? PERSONNE...
VOUS ÊTES LÀ, SORA ?
LE FILM DE SHION EST MONTÉ, VOUS VOULEZ LE VOIR ?
LA CHAMBRE D'AMIS ?
...
...
SORA...

OUI... J'AI PENSÉ QUE VOUS VOUDRIEZ VITE LE VOIR, ALORS J'EN AI FAIT UNE COPIE.
REGARDONS-LE TOUT DE SUITE !
EH BIEN !
TU PEUX ALLER CHERCHER SORA, MASAHIKO ? IL DOIT ÊTRE DANS SA CHAMBRE.
J'Y VAIS !
MAIS... IL N'EST PEUT-ÊTRE PAS INTÉRESSÉ ?
PARDON ?
C'EST QU'IL A SEMBLÉ PLUTÔT DÉÇU, LA SEMAINE DERNIÈRE...
C'EST VRAI... IL N'A PAS DIT UN MOT SUR LE FILM, DEPUIS CE JOUR-LÀ...
NOUS DEVONS TOUT DE MÊME LE PRÉVENIR, JE PENSE !
D'ACCORD...
SORA ?!

*LA PANTHÈRE DE LA NUIT

POURQUOI N'AS-TU PAS PRIS DE DOUCHE, AU FINAL ?
GWAAAH !!
♪
キャアアアアァ
BEUUUH...
J'AI TOUT VU...
MASAHIKO, POURQUOI... ?
J'AVAIS BEAUCOUP TRANSPIRÉ, MOI AUSSI... CETTE DOUCHE M'A FAIT DU BIEN !
HI HI HI !

GWEH HÉ HÉ…
CHUT, PAS SI FORT !
QU'EST-CE QU'ILS FICHENT, CEUX-LÀ ?
ALORS ÇA…
HAA… C'EST ENFIN FINI !
QUEL SOULAGEMENT D'ÊTRE ENFIN DÉBARRASSÉ D'EUX !
DIRE QU'ILS M'ONT EXPLOITÉ, MOI, UN ÉTRANGER AU CLUB !
HI HI…
SAPPORO
つかさ
À PROPOS… JE N'AI PAS COMPRIS, TOUT À L'HEURE…
TOUT À L'HEURE ?

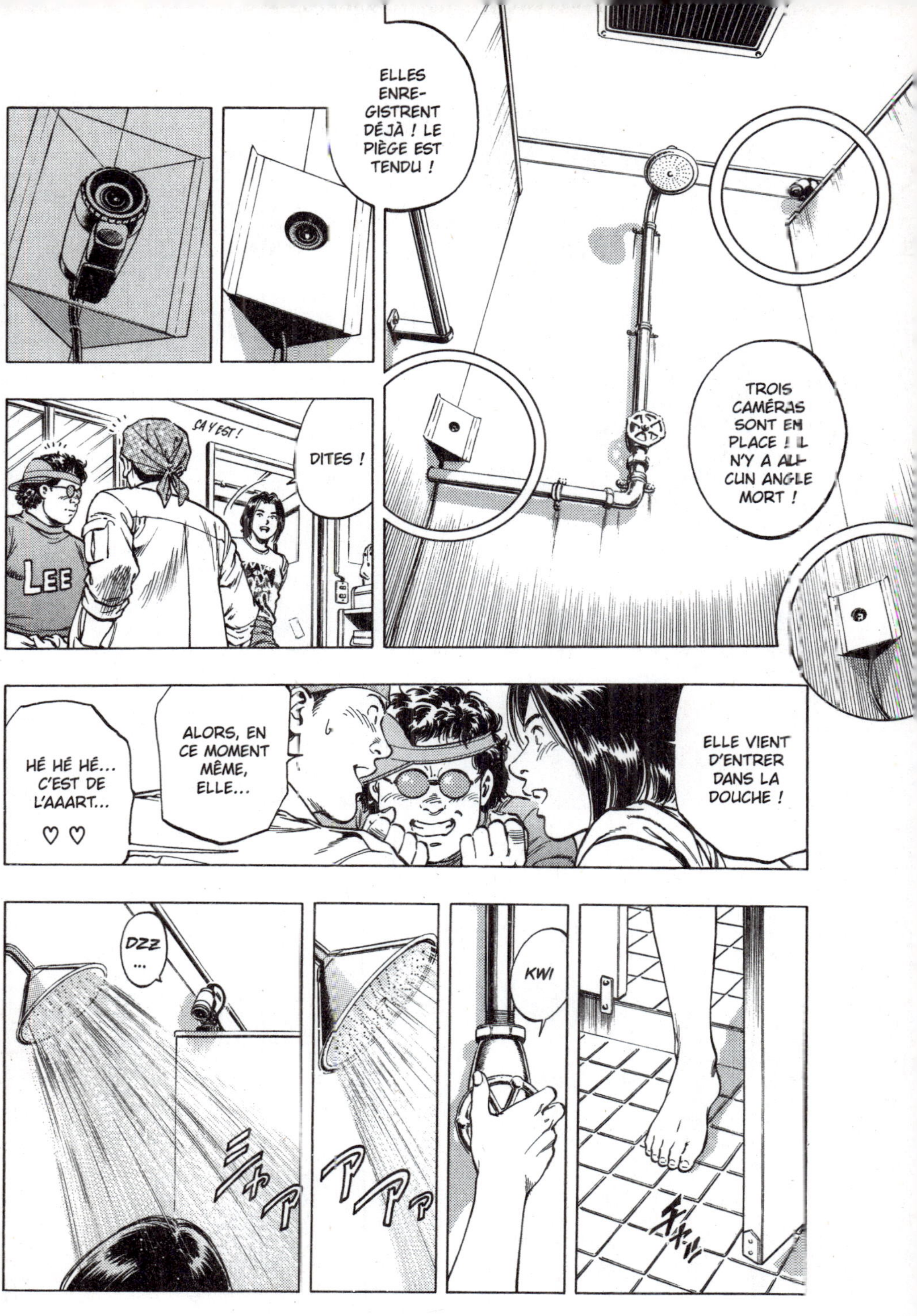
ELLES ENREGISTRENT DÉJÀ ! LE PIÈGE EST TENDU !
TROIS CAMÉRAS SONT EN PLACE ! IL N'Y A AUCUN ANGLE MORT !
DITES !
ÇA Y EST !
ELLE VIENT D'ENTRER DANS LA DOUCHE !
ALORS, EN CE MOMENT MÊME, ELLE…
HÉ HÉ HÉ… C'EST DE L'AAART… ♡ ♡
KWI
DZZ…

シャワー室
C'EST ICI, PREND TON TEMPS.
MERCI... AH, TU PEUX M'AT-TENDRE ICI ?
QUOI ?
OUI, JE N'AI PAS CONFIANCE EN CETTE BANDE D'IDIOTS.
JE LES SOUPÇONNE DE VOULOIR M'ESPIONNER... ALORS, OUVRE L'ŒIL !
BAH... SI TU VEUX...
QUOIQUE... TU ES LE PREMIER SUSPECT À MES YEUX...
JE COMPTE SUR TOIII. ♡
SHION !!
CELLE-LÀ, ALORS ...
TOUT EST BIEN DISSIMU-LÉ ?
BIEN SÛR ! JE SUIS VITE RETOURNÉ À LA FAC POUR PLACER LES CAMÉRAS !
HÉ HÉ...

*DOUCHE

LE TOURNAGE S'EST FINI SANS INCIDENT, BRAVO À TOUS !
AVEC L'ACTRICE QU'ON A, LE FILM VA ÊTRE UN SUCCÈS !
LE MONTAGE PRENDRA ENCORE TROIS JOURS... VOUS ALLEZ VOIR LE RÉSULTAT !
TU DOIS ÊTRE FATIGUÉE, SHION, APRÈS CETTE JOURNÉE DE CASCADES...
UN PEU, MAIS JE SUIS SURTOUT CONTENTE !
C'EST SÛR, J'AI DE LA TERRE PARTOUT, JUSQUE DANS LES CHEVEUX !
TU PEUX UTILISER LA DOUCHE DU CLUB DE SPORT, SI TU VEUX... ON EST DIMANCHE, MAIS LE LOCAL EST OUVERT !
OH OUI, CE SERAIT AVEC PLAISIR !
LA CABINE EST PETITE, ET LA DOUCHE EST MIXTE, ÇA IRA QUAND MÊME ? JE T'ACCOMPAGNE, SI TU VEUX...
MERCI, MAIS NE TE DÉRANGE PAS. MASAHIKO VA ME MONTRER.
BIEN SÛR, PAS DE PROBLÈME.
...
♪

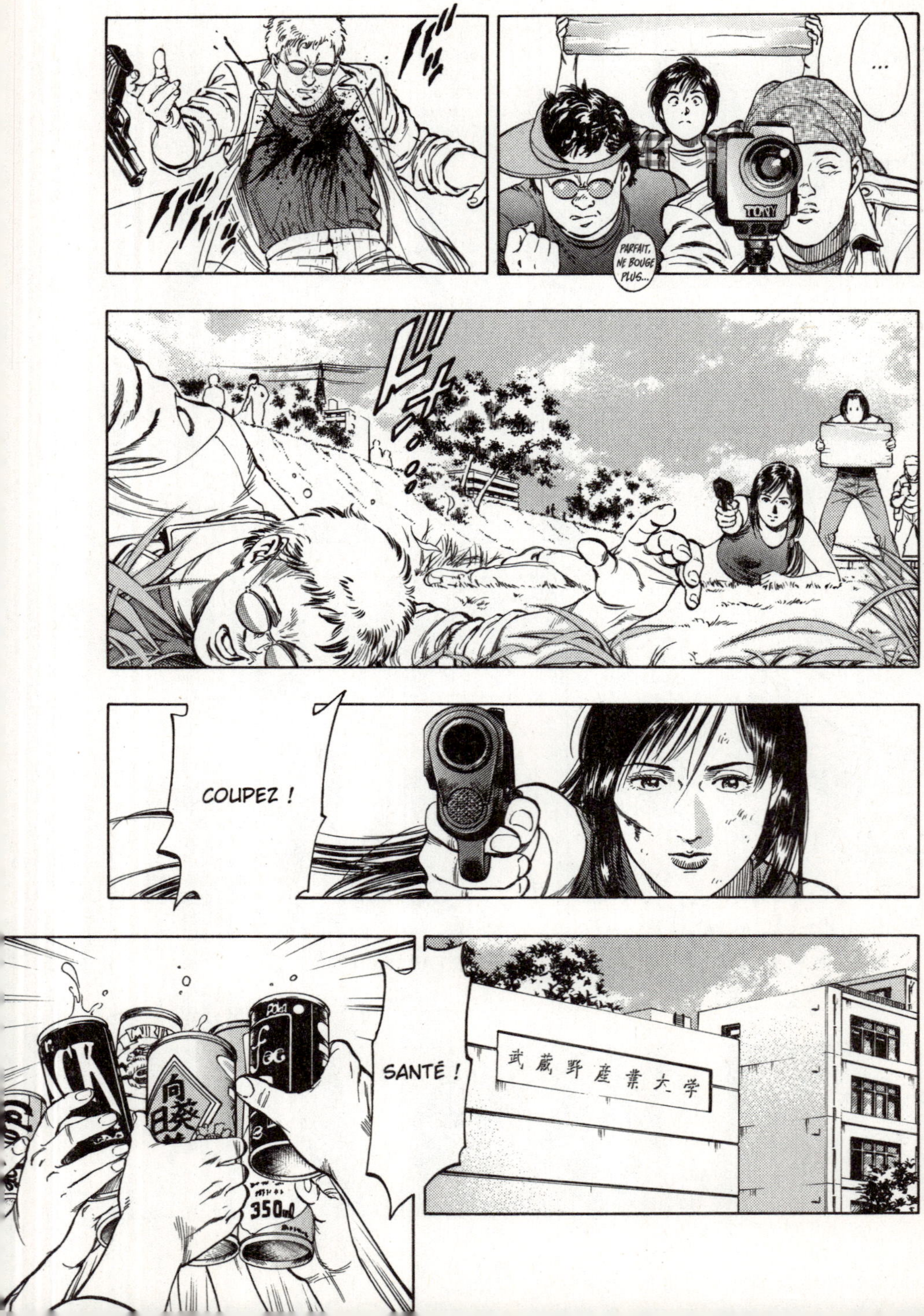
...
PARFAIT, NE BOUGE PLUS...
COUPEZ !
SANTÉ !
武蔵野産業大学
350ml

CACHER CES LIGNES ARTISTIQUES DERRIÈRE UN MORCEAU D'ÉTOFFE SERAIT CRIMINEL !
OUI, CHEF ! NOTRE MISSION EST DE LIBÉRER L'ART AU PLUS VITE !
TANT D'AUTO-PERSUASION FAIT PEUR...
BON, METTONS NOTRE PLAN B À EXÉCUTION !
COMPRIS !

*SCÉNARIO – LA PANTHÈRE DE LA NUIT

JAMAIS DE LA VIE ! J'AI JUSTEMENT PROMIS À SES PARENTS DE L'EMPÊCHER DE FAIRE UNE TELLE CHOSE !
SHION A BEAU ÊTRE SÉDUISANTE, ELLE N'EST EN-CORE QU'UNE LYCÉENNE !
MAIS ON NE VEUT PAS LA VOIR TOUTE NUE ! ON VEUT JUSTE JETER UN PETIT, TOUT PETIT COUP D'ŒIL !
JE T'EN CONJURE, AU NOM DU GRAND PRIX... ET MÊME, AU NOM DU SEPTIÈME ART !
REGARDE, LE RÉALISATEUR LUI-MÊME SE MET À GENOUX ! ALLEZ, MA-SAHIKO !
M... MAIS, ENFIN !
TOUT LE SUCCÈS DU FILM DÉPEND DE CETTE SCÈNE !
MÊME LES PARENTS DE SHION COMPRENDRONT QU'IL S'AGIT D'UN NU ARTISTIQUE ! ILS SERONT D'ACCORD !
MAIS... MAIS...
ILS SONT BIEN GENTILS, MAIS...
... JE VOIS D'ICI LE SCANDALE, SI SHION SE RÉ-VÈLE ÊTRE UN GARÇON !
UN NU ARTISTIQUE, HEIN ?!
JE SUIS PRÊTE À TOUT POUR L'ART !
A... ATTENDS, SHION !

QUE FAIS-TU, CHÉRI ?
AH, NON… RIEN, JE…
TIENS ?
LE PROJECTEUR ? POURQUOI SORS-TU CETTE VIEILLERIE ?
ELMON 8mm SOUND PROJECT
HiVision SC-18 2-TRACK
JE DOIS ME DOCUMENTER ! POUR MES MANGAS !
OH…
…?
UNE SCÈNE SOUS LA DOUCHE ?
OUI, IL EN FAUT ABSOLUMENT UNE POUR QUE LE SCÉNARIO SOIT COHÉRENT.
…
LE PROBLÈME EST QUE SHION N'EST PAS D'ACCORD…
ON AIMERAIT QUE TU LA FASSES CHANGER D'AVIS…
QUOI ?!

OUI !
QUEL LÂCHE CELUI-LÀ...
SILENCE ! ON TOURNE, LÀ !
NE MÊLEZ PAS TOUT LE MONDE À VOS HISTOIRES !
BAH... LES ANCIENS TE CONSIDÈRENT COMME L'UN DES NÔTRES...
TOUT SE FINIT AUJOURD'HUI... ALLEZ MASAHIKO, UN DERNIER EFFORT !
MOTEUR, SILENCE...
... ACTION !
?
AH, LA VOILÀ !
QUELLE POUSSIÈRE !
FRISH FROSH...

TRÈS BIEN ! COUPEEEZ !
LES PRISES DE VUES SE DÉROULAIENT SANS ACCROC.
C'ÉTAIT PARFAIT, SHION. REFAIS-NOUS LA MÊME ! ♡
COMPRIS !
AUJOURD'HUI, ON TOURNAIT ENFIN LA DERNIÈRE SCÈNE DU FILM.
ET PUIS... TOI, LÀ !
CESSE D'AGITER LE RÉFLECTEUR ! CONTENTE-TOI D'ÉCLAIRER LE VISAGE DE SHION !
D'A... D'ACCORD...
...
POURQUOI UN SPECTATEUR COMME MOI DOIT-IL...
COMMENT ? TU N'ES PAS MEMBRE DU CLUB ?
BIEN SÛR QUE NON ! J'ACCOMPAGNE JUSTE SHION !

C'EST FAN-TASTIQUE ! ON DIRAIT UN VRAI FILM !
TU SEMBLES DIFFÉRENTE, À L'ÉCRAN ! ET PUIS, QUEL CHARME, SHION ! QUEL CHARME !!
HÉ HÉ... JE TIENS ÇA DE TOI, MAMAN !
ON DIT SOUVENT QUE LES FILLES SONT BELLES... QUAND ELLES RESSEMBLENT À LEUR PÈRE.
TU N'ES PAS PRESSÉ DE VOIR LE RÉSULTAT, CHÉRI ?
...
JE RE-TOURNE... TRAVAIL-LER...
?
?
C'EST QUOI, CETTE AT-TITUDE ?
LUI QUI NE TENAIT PAS EN PLACE AVANT DE VOIR L'EXTRAIT !
LA SÉQUENCE NE LUI A PAS PLU, PEUT-ÊTRE ?

SHION A FINALEMENT CONVAINCU SORA ET YUKARI DE LA LAISSER JOUER DANS LE FILM, LA CONDITION ÉTANT QUE JE L'ACCOMPAGNE SUR LE TOURNAGE...
CETTE NUIT ENCORE, UNE LUEUR FASCINANTE BRILLE DANS SES YEUX !
SORA, GRAND AMATEUR DE CINÉMA (COMME TOUS LES MANGAKAS, APPAREMMENT), S'EST MONTRÉ TRÈS INTÉRESSÉ...
J'AI DONC COPIÉ UN EXTRAIT DU FILM POUR QUE SORA PUISSE SE FAIRE AU PLUS VITE UNE IDÉE DU TRAVAIL DE SHION.
...
...
...

SHION, UNE SIMPLE LYCÉENNE LE JOUR...
... MAIS, LE SOIR VENU, QUAND LE CRIME S'ABAT SUR LA VILLE...
... ELLE SE TRANSFORME EN NETTOYEUSE DE CHARME, EN PANTHÈRE DE LA NUIT !

13E JOUR
ACTRICE D'AUJOURD'HUI...
ET D'HIER
TSUKASA '97 FEB

F.COMPO

LE RÔLE D'UN GRAND FRÈRE… C'EST VRAI, JE ME SUIS SENTIE COMME TA PETITE SŒUR, AUJOUR-D'HUI…
CELA M'A FAIT VRAIMENT PLAISIR, QUE TU VOLES À MON SECOURS DEVANT L'HÔTEL…
… GRAND FRÈRE. ♡
SPACE WARS
MFF…
MA PETITE SŒUR… OU MON PETIT FRÈRE, HEIN !
TA TA TA !
QUI REGARDAIT LE FILM DE SON "PETIT FRÈRE", L'EAU À LA BOUCHE ?!
QUOI…?! JE N'AVAIS PAS L'EAU À LA BOUCHE !
BIEN SÛR QUE SIII !

IL RESTE UNE CHOSE QUE JE NE COMPRENDS PAS...
QUOI DONC ?!
LE PRÉSERVATIF !
LE TOURNAGE DU FILM N'EXPLIQUE PAS QUE TU EN AIES SUR TOI !
C'EST EJIMA... IL ME L'A DONNÉ...
... POUR QUE J'EN AIE UN SUR MOI QUAND J'IRAI CHEZ LUI !
LE... LE SALAUD !!
C'EST DÉCIDÉ ! DÉSORMAIS, JE T'ACCOMPAGNE SUR LE TOURNAGE...
QUOI ?!
... POUR TE PROTÉGER DES TYPES DANS SON GENRE ! C'EST LE RÔLE D'UN GRAND FRÈRE !
COMME CELA, YUKARI SERA CERTAINEMENT D'ACCORD !

ET COMME SAC EN PLASTIQUE, RIEN NE VAUT... CECI !
!
ON EN A UN SACRÉ STOCK.
NOUS FINANÇONS LE FILM NOUS-MÊMES, ALORS NOUS RÉDUISONS LES FRAIS PAR TOUS LES MOYENS POSSIBLES. ♡
HA... HA HA...
MALGRÉ TOUT, DANS CE FILM, SHION EST...
... SI ATTIRANTE... SI FÉMININE...
SI...
MAIS C'EST NORMAL ...
MAMAN NE M'AUTORISERAIT JAMAIS À PARTIR POUR DES PRISES DE VUES, EN PLEINE NUIT OU SI TÔT LE MATIN...
ALLEZ, S'IL TE PLAÎT !
JE NE TE DEMANDE PAS DE TE TAIRE, MAIS DE M'AIDER À CONVAINCRE PAPA ET MAMAN !
MMH...

EN REMPORTANT LE GRAND PRIX AVEC CE FILM, NOUS VOULONS FAIRE DE NOTRE PETIT GROUPE UN VÉRITABLE CLUB DE CINÉMA !
VOILÀ POURQUOI IL NOUS FALLAIT UNE ACTRICE QUI RETIENNE L'ATTENTION !
...
JE ME SUIS DONC MIS À DRAGUER... ENFIN, À RECRUTER DANS LE QUARTIER, JUSQU'À TOMBER SUR SHION !
QUANT À MOI, J'AVAIS LE TEMPS ET L'ENVIE ! ALORS J'AI ACCEPTÉ. ♡
JE VOIS...
LE FAIT QU'ELLE SOIT TA COUSINE MONTRE COMME LE MONDE EST PETIT !
GWAH !
REGARDE COMME CES GERBES DE SANG FONT VRAI ! C'EST UN TRUC À MOI !
METS DU FAUX SANG ET UN EXPLOSIF DANS UN SAC EN PLASTIQUE... DÉCLENCHE ENSUITE L'EXPLOSION, ET VOILÀ LE RÉSULTAT !

J'PEUX PLUS ATTENDRE ! TU PRENDS COMBIEN ?
J'AI DE QUOI PAYER !
江島
*EJIMA
HA HA HA...
C'EST QUE JE SUIS... TRÈS CHÈRE !
TA VIE SUFFIRA LARGEMENT !
HEIN ?!
QUI... QUI ES-TU, GARCE ?!
...
JE N'AI PAS À TE RÉPONDRE.

?
COUPEEEZ !
COUPEZ, COUPEZ !!
TONY
QUE VIENS-TU FAIRE ICI ?
MASA-HIKO ?
DIRE QU'ON AVAIT ENFIN UNE BONNE PRISE !
TU VEUX QUOI, TOI ?!
LEE
EJIMA ?
HEIN ?!
?
...
???

?
?!
TU VAS VOIR, VIEUX PERVERS !
TU AS TOUCHÉ MA SŒUR, HEIN ?!

HOTEL
ホテル
アリス
ホテル
SHION...
MASAHIKO...?

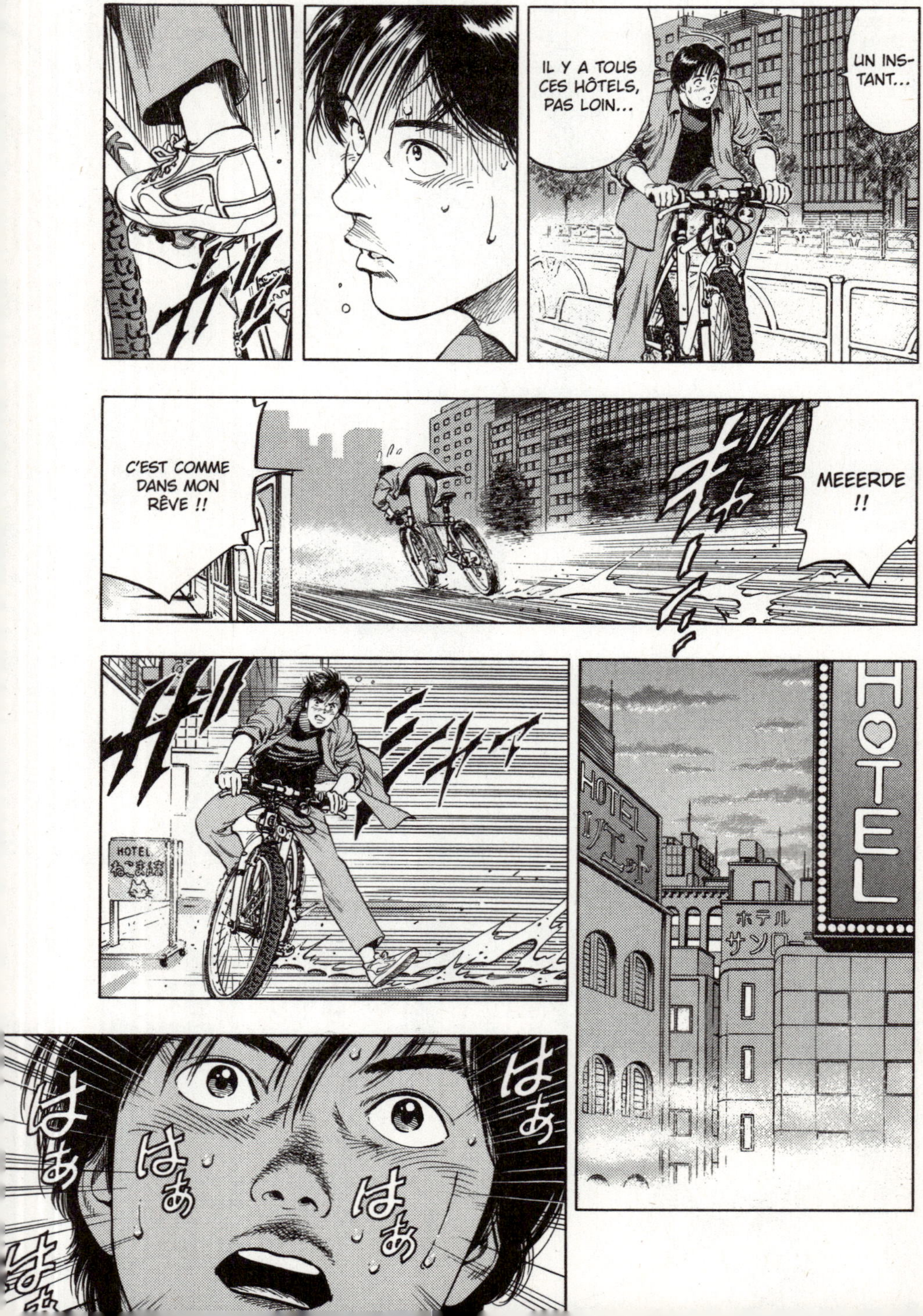

UN INS-
TANT...
IL Y A TOUS
CES HÔTELS,
PAS LOIN...
MEEERDE
!!
C'EST COMME
DANS MON
RÊVE !!
HOTEL
HOTEL
ホテル
サンロ
はぁ
はぁ
はぁ
はぁ

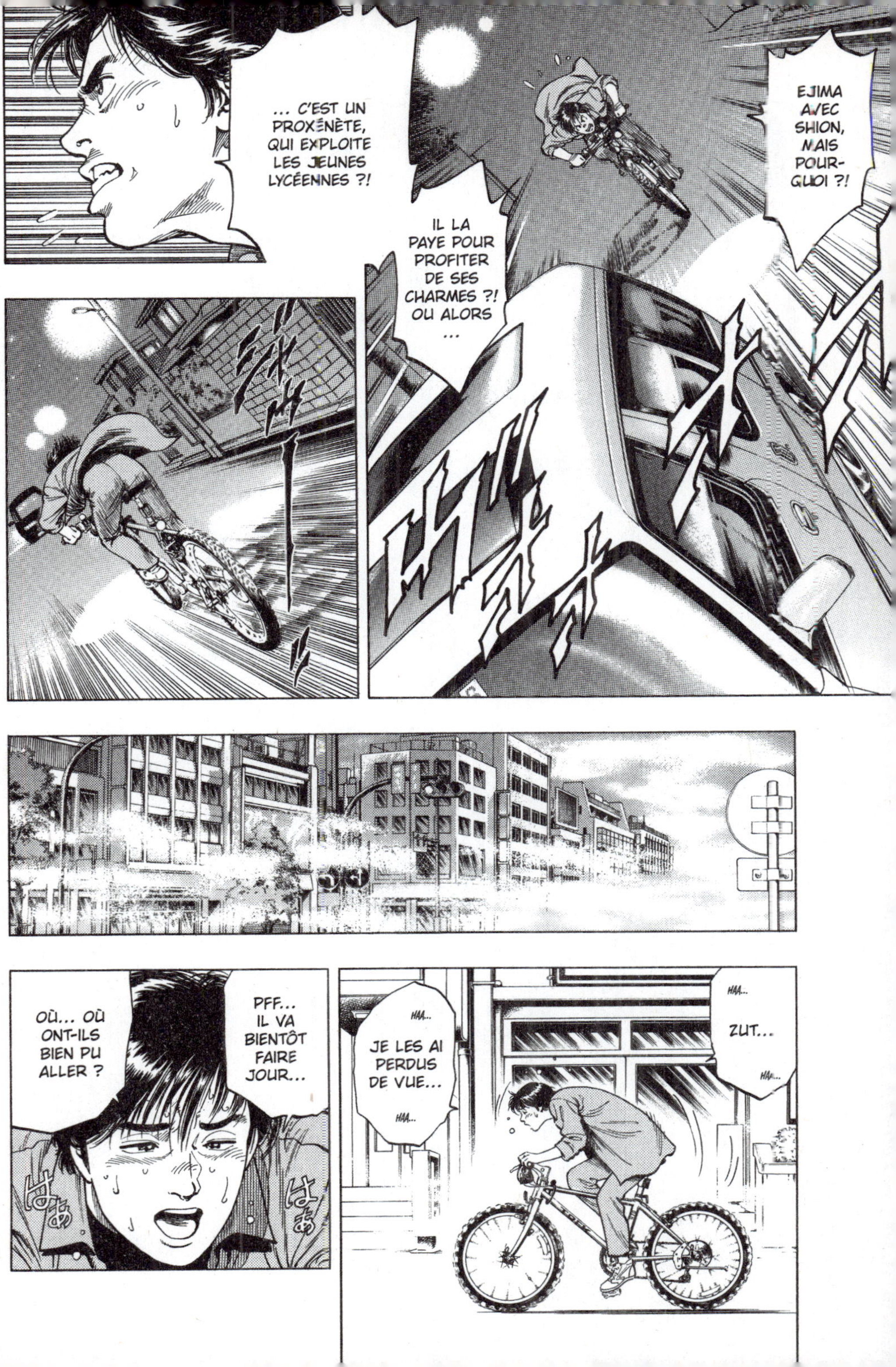
EJIMA AVEC SHION, MAIS POURQUOI ?!
IL LA PAYE POUR PROFITER DE SES CHARMES ?! OU ALORS …
… C'EST UN PROXÉNÈTE, QUI EXPLOITE LES JEUNES LYCÉENNES ?!
HAA…
ZUT…
HAA…
HAA…
JE LES AI PERDUS DE VUE…
HAA…
PFF… IL VA BIENTÔT FAIRE JOUR…
OÙ… OÙ ONT-ILS BIEN PU ALLER ?

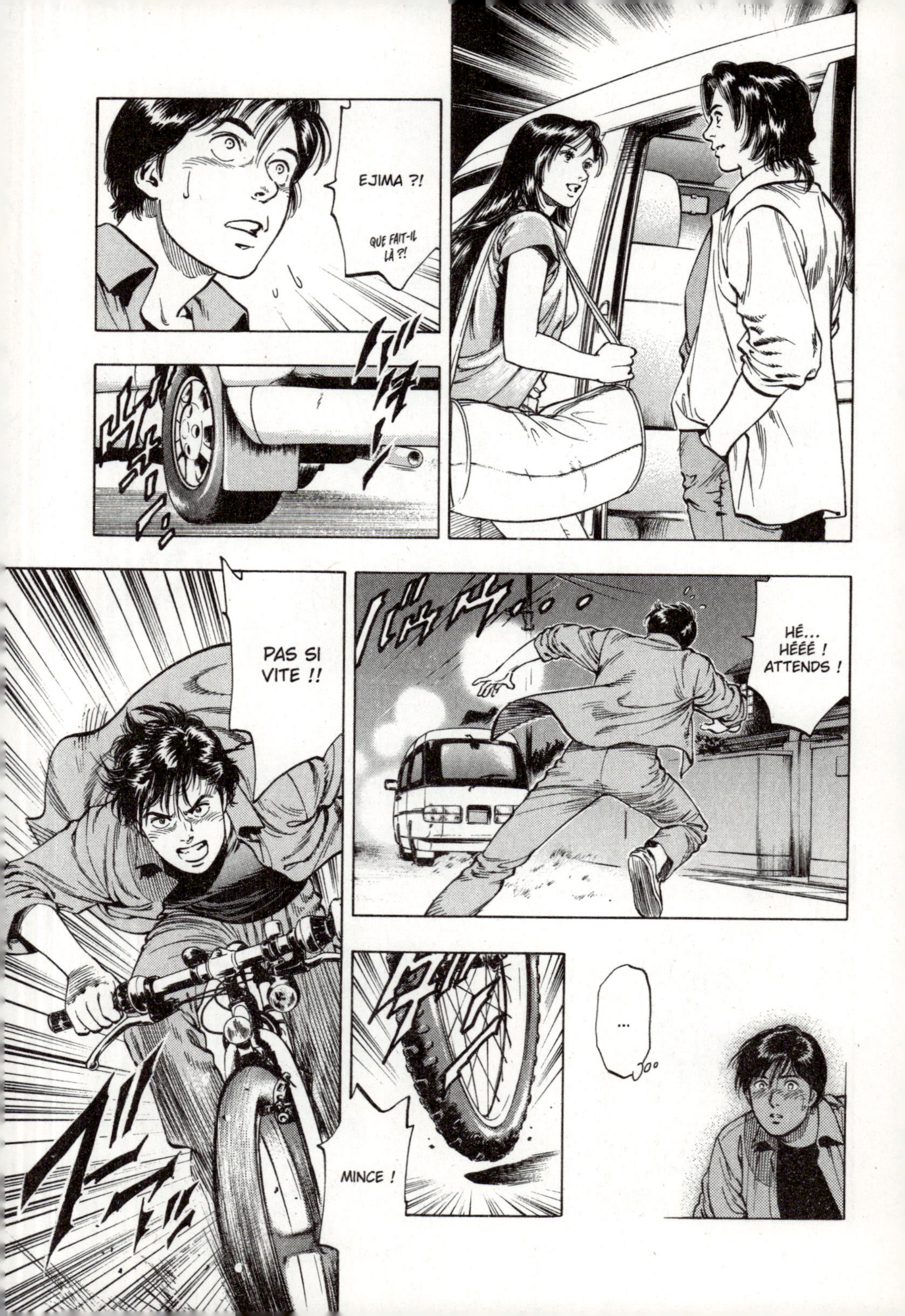
EJIMA ?!
QUE FAIT-IL LÀ ?!
HÉ... HÉÉÉ ! ATTENDS !
PAS SI VITE !!
...
MINCE !

UN RÊVE...
POURQUOI J'AI VU EJIMA, MOI...?
IL EST ENCORE TRÈS TÔT...
AM 4:04
?!
SHION...
OÙ VA-T-ELLE À UNE HEURE PAREILLE ?
HÉ, SHION...

LOVE LOVE ANGEL CHAIN
HOTEL
Angel
SINCE 1997
WELCOME!!
ALORS...
... C'ÉTAIT DONC VRAI.
IN
HÉ, TOI ! OÙ PENSES-TU EMMENER MA PETITE SŒUR ?!
...
MASAHIKO !
はぁ
はぁ
はぁ

EH BIEN, TU N'AS ENCORE RIEN PRÉPARÉ À DÎNER ?
JE... J'ALLAIS M'Y METTRE !
SI TU POUVAIS FAIRE VITE ! J'AI TRÈS FAIM, MOI !
JE T'EN PRIE !
D'AUTANT QUE TU ES UN PEU... LE GRAND FRÈRE DE SHION, N'EST-CE PAS ?
D'AC-CORD...
JE SUIS UN PEU... SON GRAND FRÈRE...
!

NON…
IMPOSSIBLE ! SHION NE FERAIT JAMAIS ÇA !
EH BIEN, JE VOUDRAIS QUE TU T'EN ASSURES ! SURVEILLE CE QU'ELLE FAIT !
C'EST MOI !
QUE VOUS ARRIVE-T-IL ?
AH, NON… C'EST JUSTE QUE TU RENTRES TÔT, AUJOURD'HUI…
MAIS OUI ! TU ME RÉPÈTES CHAQUE JOUR QUE JE RENTRE TROP TARD !
WIP

VOUS... VOUS SAVEZ LES JEUNES FILLES D'AUJOURD'HUI SONT... PLUS PRÉCOCES QUANT AU SEXE ET... HEU...
... OU... OUI, JE PENSE QUE C'EST ÇA, ET PUIS...
... COMMENT DIRE...? UTILISER UN PRÉSERVATIF EST PLUS SÛR, DONC...
TU ES BIEN UN HOMME ! DIS-MOI, QUE DEVIENDRA TA BELLE TOLÉRANCE LORSQU'IL S'AGIRA DE LA VIRGINITÉ DE TA FUTURE ÉPOUSE ?!
ELLE NE PERD PAS LE NORD... C'EST BIEN UN EX-HOMME...
J'AURAIS MIEUX FAIT... DE ME TAIRE...
JE PEUX COMPRENDRE QUE DEUX PERSONNES QUI S'AIMENT AIENT DES RAPPORTS SEXUELS, MAIS...
... J'AI BIEN OBSERVÉ SHION, CES DERNIERS JOURS, ET...
... J'AI L'IMPRESSION...
OUI ?
... QU'ELLE... VEND SES CHARMES...

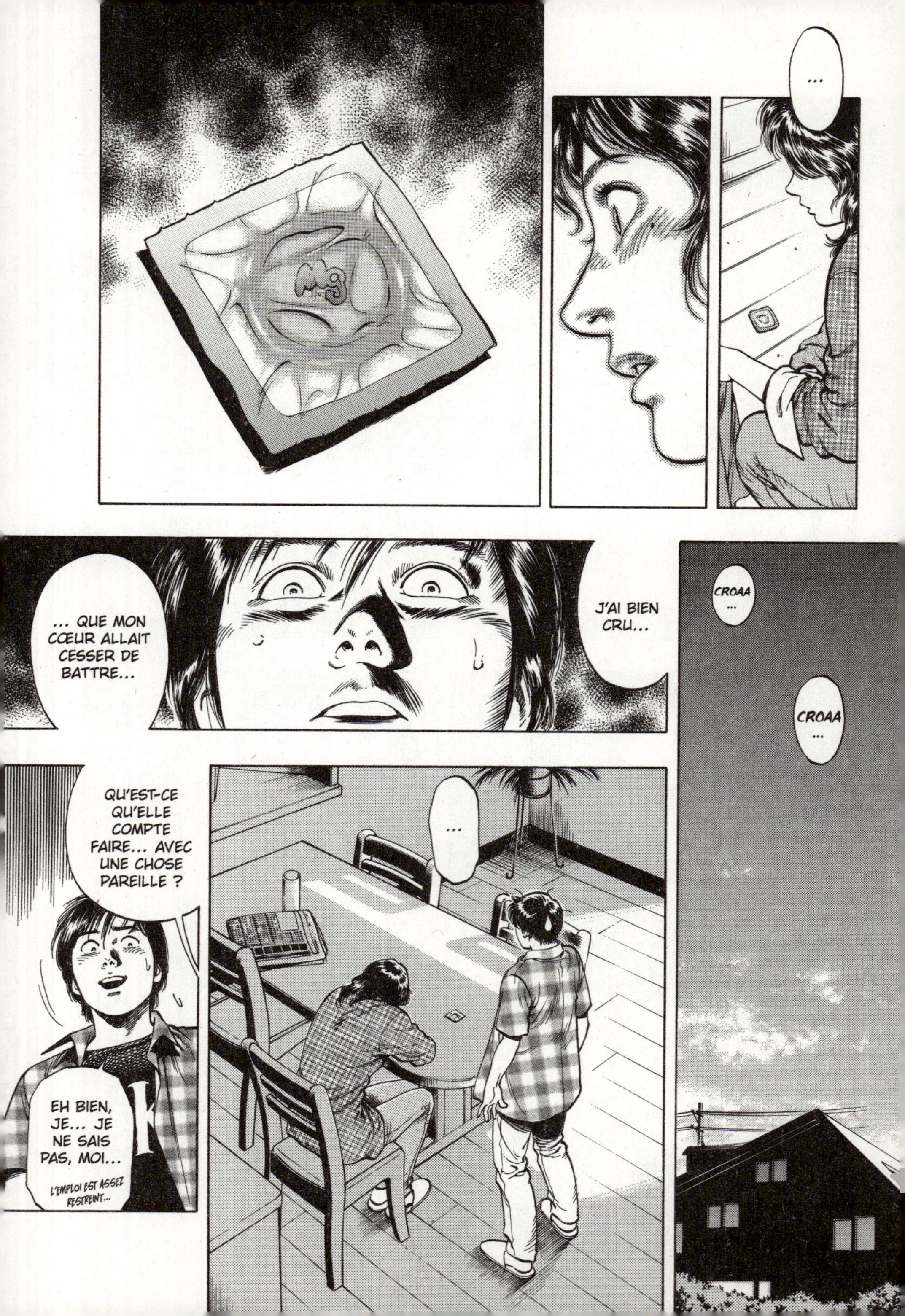
...
J'AI BIEN CRU...
... QUE MON CŒUR ALLAIT CESSER DE BATTRE...
CROAA ...
CROAA ...
...
QU'EST-CE QU'ELLE COMPTE FAIRE... AVEC UNE CHOSE PAREILLE ?
EH BIEN, JE... JE NE SAIS PAS, MOI...
L'EMPLOI EST ASSEZ RESTREINT...

...
MAIS ...?
NON, IMPOSSIBLE... JE ME FAIS DES IDÉES...
J'AURAIS JURÉ ENTENDRE SHION...
QUELLE NÉGLIGENCE DE LAISSER TRAÎNER AINSI SES AFFAIRES !
CETTE DEMOISELLE EST UNE VRAIE CALAMITÉ ! C'EST UNE CHAMBRE DE FILLE, ÇA ?!
JE RÊVE !
?
PIT

*UNIVERSITÉ MUSASHINO

SHION N'EST PLUS LA MÊME, C'EST VRAI...
ELLE RENTRE SOUVENT TARD, DEPUIS LA SEMAINE DERNIÈRE...
AAH, C'EST ENFIN FINI !
TU SAIS, POUR LA FÊTE DE CE SOIR ...
... ET PUIS, POURQUOI CE MAQUILLAGE...?!
...
ELLE EST PLUTÔT RESPONSABLE, POUR SON ÂGE, ALORS...
... JE NE PENSE PAS QU'ELLE FASSE DE BÊTISES...
HÉ, MASAHIKO !
TIENS, EJIMA... QUE FAIS-TU LÀ ?

SHION ? C'EST TOI, SHION ?
OUIII ! JE VIENS DE RENTREEER !
ATTENDS UN PEU ! TU AS VU L'HEURE ?!
OUIII ! DÉSOLÉE.
VRAIMENT, CELLE-LÀ...!
...
QU'Y A-T-IL ? TU ES TOUT ROUGE...
AH, CE N'EST RIEN...
ELLE ÉTAIT... SI ATTIRANTE...

!
C'EST À CETTE HEURE QUE TU RENTRES, PETITE CRIMINELLE ?!
くる
...
TU... TU ES MAQUILLÉE...

SHION RENTRE TARD, CES DERNIERS TEMPS...
LA DERNIÈRE FOIS, ELLE EST REVENUE APRÈS 23 H !
NOTRE FILLE SE RELÂCHE, CHÉRI ! TU DOIS LUI DIRE, TOI AUSSI !
...
ALLONS, CESSE DE T'INQUIÉTER POUR TOUT ! C'EST DE SON ÂGE, DE VOULOIR S'AMUSER !
TU AS RAISON, MAIS LA VILLE EST PLEINE DE DANGERS !
MERCI...
LE REPAS ÉTAIT DÉLICIEUX !
TU PENSES QU'IL VAUDRAIT MIEUX LA PRIVER DE SORTIES ? POUR QU'ELLE SE REBELLE ?
TU NE M'ÉCOUTES PAS ! JE VOUDRAIS JUSTE QUE TU SOIS FERME AVEC ELLE, TOI AUSSI...
EH BIEN...
DEPUIS QUELQUE TEMPS, C'EST LA MÊME CHOSE CHAQUE SOIR !

12E JOUR
LA FACE CACHÉE DE SHION ?!
C'EST QUE JE SUIS...
... TRÈS CHÈRE !

HÉ HÉ...
T'ES BIEN ROULÉE, MA MIGNONNE...
TOMBER SUR UN BIJOU COMME TOI, ICI... QUELLE VEINE !
COMBIEN TU PRENDS ? J'AI DE QUOI PAYER !
J'PEUX PLUS ATTENDRE !
HA HA HA...
?

F.COMPO

JE REPASSERAI POUR TOI, MASAHIKO !
À PLUS ! À PLUS !
QU'A-T-ELLE VOULU DIRE ?
JE NE COMPRENDS PAS BIEN... PAR CONTRE...
... JE SUIS CERTAIN QU'ELLE N'A PAS FINI DE ME BOULEVERSER...
D'AUTRE PART, MAINTENANT CONSCIENT DE LA CÉLÉBRITÉ DE MAÎTRE SORA...
OUAH... IL SE CURE LE NEZ...
MH ?
... JE ME MIS À TRAQUER SES MOINDRES GESTES... TOUS, MÊME LES PLUS HUMBLES.

... SI UNE FEMME COMME MAÎTRE SORA PEUT DESSINER DE TELS MANGAS...
... IL N'Y A AUCUNE RAISON QUE JE N'EN SOIS PAS CAPABLE... N'EST-CE PAS ?!
...!
EH BIEN...
TU SAIS RESTER POSITIVE, TOI...
HÉ HÉ HÉ...
JE REPASSERAI BIENTÔT !
QUOI... TU PENSES TOUJOURS DEVENIR L'ASSISTANTE DE SORA ?
C'EST ÇA ?
CHU

COMMENT DIRE...?
EN FAIT, JE...
...
MASAHI-KO...
JE VAIS RENTRER...
AH...
MASAHI-KO...
TOUT COMPTE FAIT...

パタン
ALORS LUI… IL EST VRAIMENT TROP BONNE POIRE…
… TOUS CES ÉGARDS POUR UNE FILLE QUI L'A UTILISÉ ? FRANCHE-MENT…
…
OUU… GH…
AH… YOKO… TU ES REVENUE À TOI ?
YOKO !
…
TU… TU SAIS, JE…

JE SUIS EN TRAIN DE CHERCHER QUOI LUI DIRE À SON RÉVEIL, MOI...
... ALORS, TES PAROLES INSENSIBLES, TU PEUX LES GARDER POUR TOI ...
MASAHIKO...
PFFF...
TU L'AIMES DONC À CE POINT ?
...
BON, LA GÊNEUSE SE RETIRE ...
SHION...

AU FINAL...
... CE N'EST PAS MIEUX AINSI ?
...!
ELLE NE CHERCHERA PLUS À ÊTRE ASSISTANTE, APRÈS ÇA... TANT MIEUX !
COMMENT PEUX-TU DIRE UNE CHOSE PAREILLE, SANS LE MOINDRE ÉGARD POUR LES SENTIMENTS DE YOKO ?!
MAIS... POURQUOI TU T'ÉNERVES ?
EN DÉCOUVRANT QU'IL EST EN FAIT UNE FEMME, ELLE A REÇU UN CHOC QUI VA AU-DELÀ D'UNE SIMPLE HISTOIRE DE CŒUR BRISÉ !
ELLE NE ME L'A JAMAIS DIT PRÉCISÉMENT, MAIS, BOULEVERSÉE PAR LES DESSINS DE SORA, ELLE A FAIT DE LUI SON IDÉAL MASCULIN !
SORA ÉTAIT UN HOMME PARFAIT, POUR ELLE !
...

JE NE SAVAIS PAS QU'ELLE ÉTAIT LÀ, MOI…
YOKO NE PENSAIT PAS QUE QUELQU'UN SE SERVIRAIT DE LA SALLE DE BAINS, SI TÔT LE MATIN…
JE VAIS VEILLER SUR ELLE… ALLEZ DONC VOUS REPOSER, SORA… VOUS AUSSI, YUKARI.
MAIS…
ALLONS, CHÉRI… YOKO SERA DE NOUVEAU CHOQUÉE SI ELLE TE VOIT DÈS SON RÉVEIL…
C'EST VRAI… MERCI DE T'EN CHARGER, MASAHIKO…
…

キャアアアア

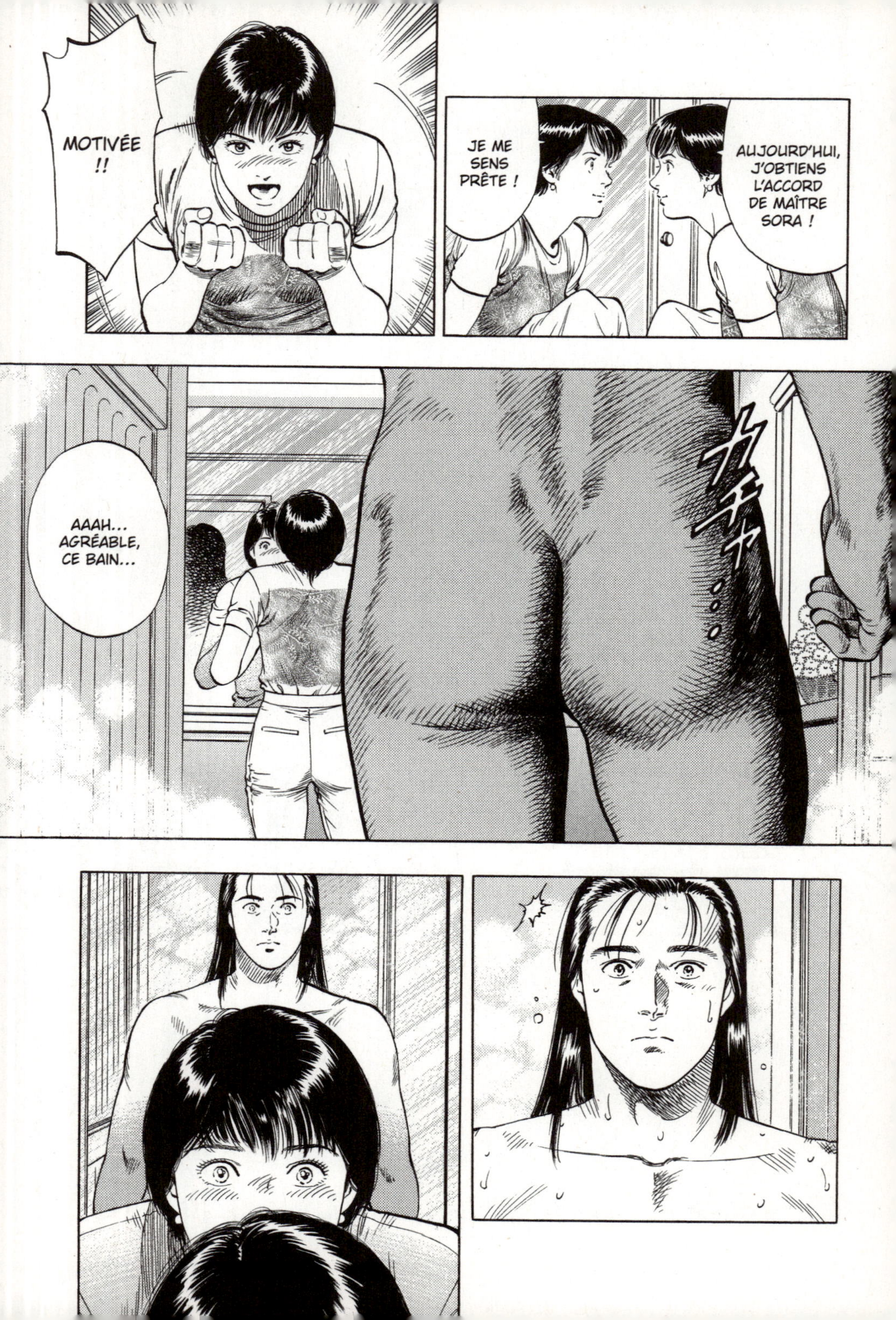

AUJOURD'HUI, J'OBTIENS L'ACCORD DE MAÎTRE SORA !
JE ME SENS PRÊTE !
MOTIVÉE !!
AAAH... AGRÉABLE, CE BAIN...
カチャ…

ぼぉ〜〜〜。
J'AI PASSÉ...
... UNE NUIT BLANCHE...
TU N'AS RIEN DÛ FAIRE, VU TA TÊTE...
MON PAUVRE...
PFF...
ELLE DORT ENCORE ?
J'AI ENTENDU SA PORTE... ELLE DOIT FAIRE SA TOILETTE.
PLIC PLISH...
AAH...

... IL Y A LA PORTE DE MA CHAMBRE...
... DERRIÈRE LAQUELLE SE TROUVE... MON LIT...
...
VISITE NOCTURNE...
RAAAH ! LES ABSURDITÉS DE SHION M'EMPÊCHENT DE DORMIR !

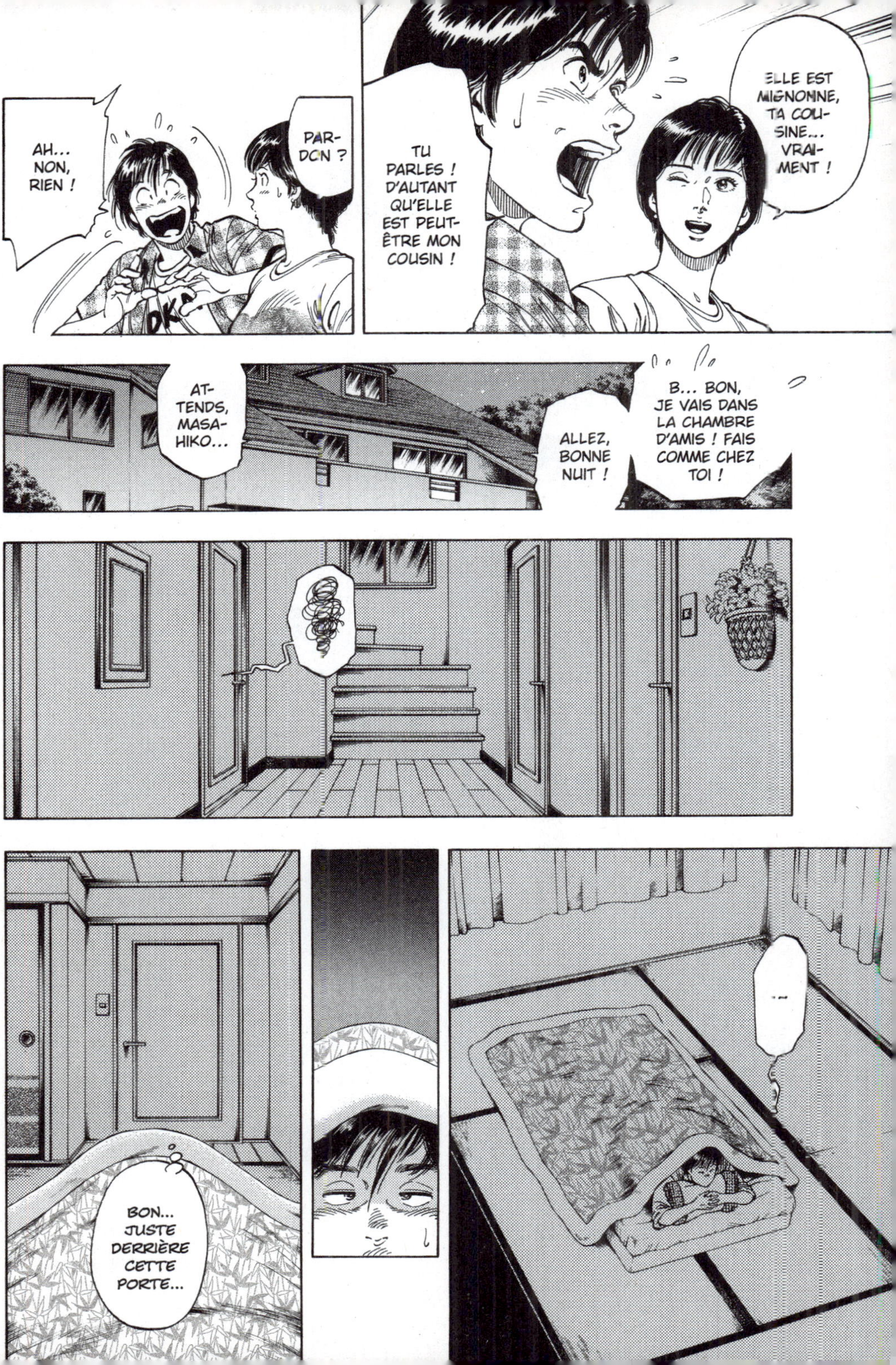
PARDON ?
AH... NON, RIEN !
ELLE EST MIGNONNE, TA COUSINE... VRAIMENT !
TU PARLES ! D'AUTANT QU'ELLE EST PEUT-ÊTRE MON COUSIN !
B... BON, JE VAIS DANS LA CHAMBRE D'AMIS ! FAIS COMME CHEZ TOI !
ALLEZ, BONNE NUIT !
ATTENDS, MASAHIKO...
BON... JUSTE DERRIÈRE CETTE PORTE...

QUELLE VISITE NOCTURNE ?
ぎくぅ
TU ES LYCÉENNE, ET TU PARLES DE VISITE NOC-TURNE ?!
ELLES VONT DURER JUSQU'À QUAND, VOS MESSES BASSES ?
AH... EH BIEN... EN FAIT...
BON, TOUS LES DEUX...
... BONNE NUIIIT... ♡
パタン
JE LA RETIENS, CELLE-LÀ...
くすっ

...
PENSE PLUTÔT... À SAISIR TA CHANCE !
QUELLE CHANCE ?
EH BIEN, CELLE DE...
... PERDRE TA VIRGINITÉ !
MAIS... QU'EST-CE QUE...?!
JE... JE NE SUIS PAS... ENFIN...
NE NIE PAS ! ON VOIT QUE TU ES ENCORE PUCEAU AU PREMIER COUP D'ŒIL !
ET PUIS, YOKO ELLE-MÊME EST D'ACCORD !
COMMENT... TU NOUS ESPIONNAIS ?!
POUR TOI, CETTE OCCASION TIENT DU MIRACLE ! NE LAISSE PAS FILER TA CHANCE !
NE... NE SOIS PAS STUPIDE ! D'AUTRE PART, JE VAIS DORMIR DANS LA CHAMBRE D'AMIS !
OÙ EST LE PROBLÈME ?! TU N'AS QU'À ORGANISER UNE PETITE VISITE NOCTURNE !

YOKOOO !
MASA-HIKO !
SA-LUUUT ! JE VOUS RENDAIS VISITE !
?
TU ES SÛRE ? SÛRE DE CHEZ SÛRE ?!
JE NE LUI AI RIEN DIT ! D'AILLEURS, POURQUOI L'AURAIS-JE FAIT ?!
QUE TU ES PÉNIBLE ! TU VAS FINIR PAR M'ÉNER-VER !
AH... BON...

LE CHOC SERAIT TERRIBLE SI YOKO APPRENAIT QUE SON IDÉAL MASCULIN EST UN OKAMA.
C'EST VRAI... TRAVAILLER POUR SORA IMPLIQUE DE TOUT SAVOIR SUR NOUS.
ET PUIS, MON ENVIRONNEMENT DE TRAVAIL SERAIT UN PEU ÉTRANGE POUR ELLE...
SHION PROPOSE DE DIRE **TOUTE** LA VÉRITÉ À YOKO, POUR LA FAIRE FUIR... MAIS JE NE PEUX PAS M'Y RÉSOUDRE...
IL NE RESTE PLUS QU'À LA CONVAINCRE DE RENTRER CHEZ ELLE.
TOUT DIRE À YOKO... NON...
SHION N'OSERAIT PAS... ELLE...
HÉ, MASAHIKO ?
... ELLE EN SERAIT BIEN CAPABLE, OUI !

...
ふう...
TOC TOC...
!!
BON, JE RETOURNE TRAVAILLER.
AVEC LE TEMPS QUE J'AI PERDU, JE NE DORMIRAI PAS AVANT DEMAIN MATIN.
AH, SORA...
... VOUS NE PRENDREZ DONC PAS YOKO COMME ASSISTANTE ?
MH... ELLE EST ENCORE ÉTUDIANTE, VOIS-TU...

TU M'AS LAISSÉ SANS VOIX, MASAHIKO !
HA HA…
ALLONS, CHÉRI ! MASAHIKO NE FERAIT JAMAIS CE GENRE DE CHOSES !
HA HA HA, C'EST SÛR ! JE L'AI TOUJOURS VU COMME UN HOMME RESPONSABLE !
HA HA HA…
MAIS DONC, MASAHIKO…
OUI …?
JE VAIS METTRE UN MATELAS, DANS LA CHAMBRE D'AMIS DU PREMIER ..
TU DORMIRAS LÀ-BAS… N'EST-CE PAS ?!
OUI…?!
MAIS OUI, TON LIT EST TROP PETIT POUR DEUX PERSONNES !
OUI…
PERSONNE…
… N'A CONFIANCE EN MOI…
HA HA…
ET ÇA T'ÉTONNE ?

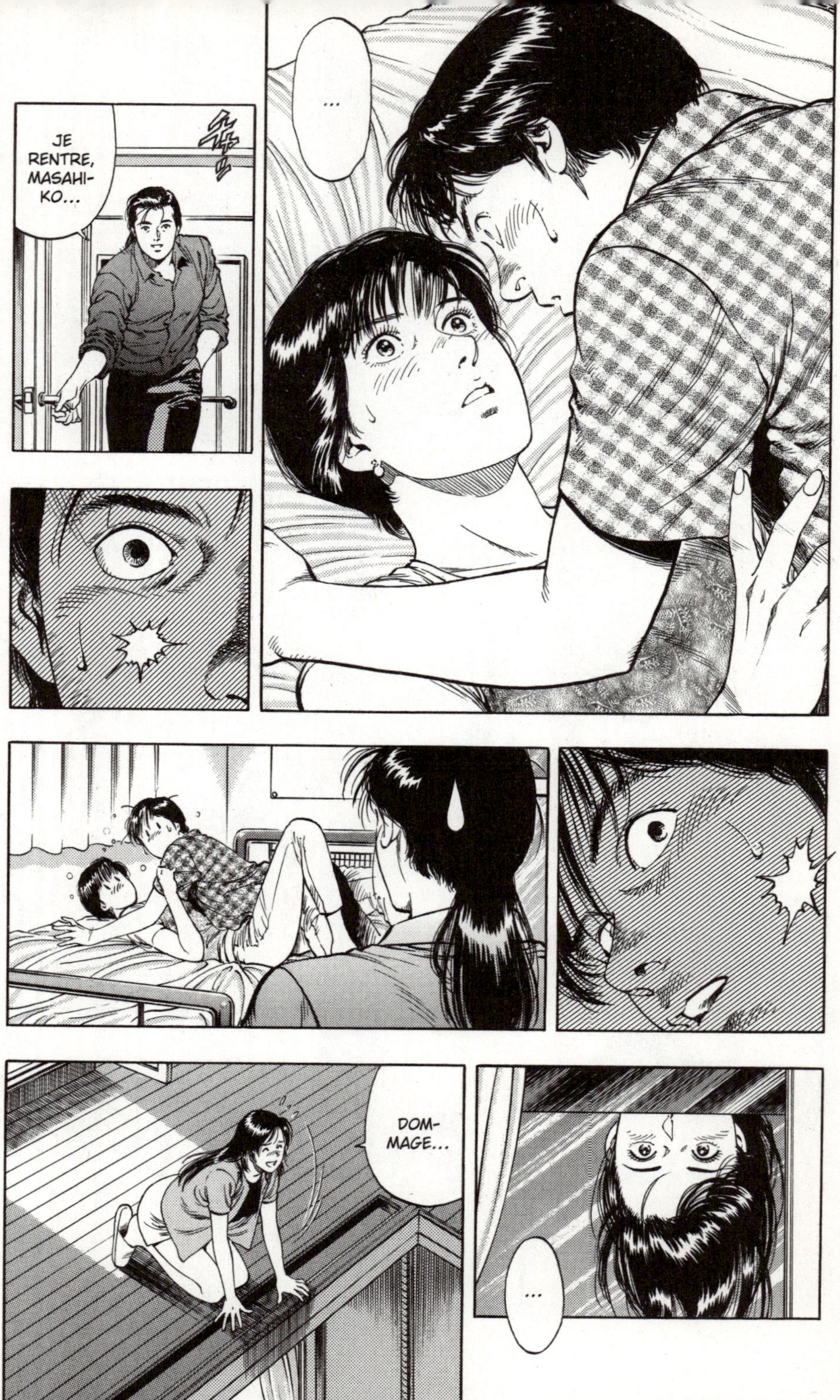
...
JE RENTRE, MASAHIKO...
DOM-MAGE...
...

NE DIS PAS DE BÊTISES, ENFIN...
TU AS FAIT CELA PAR DÉSIR DE DEVENIR L'ASSISTANTE DE SORA, IL N'Y A PAS DE MAL...
?!
OU... OUAH ?!
KYAAH ?!
AH...

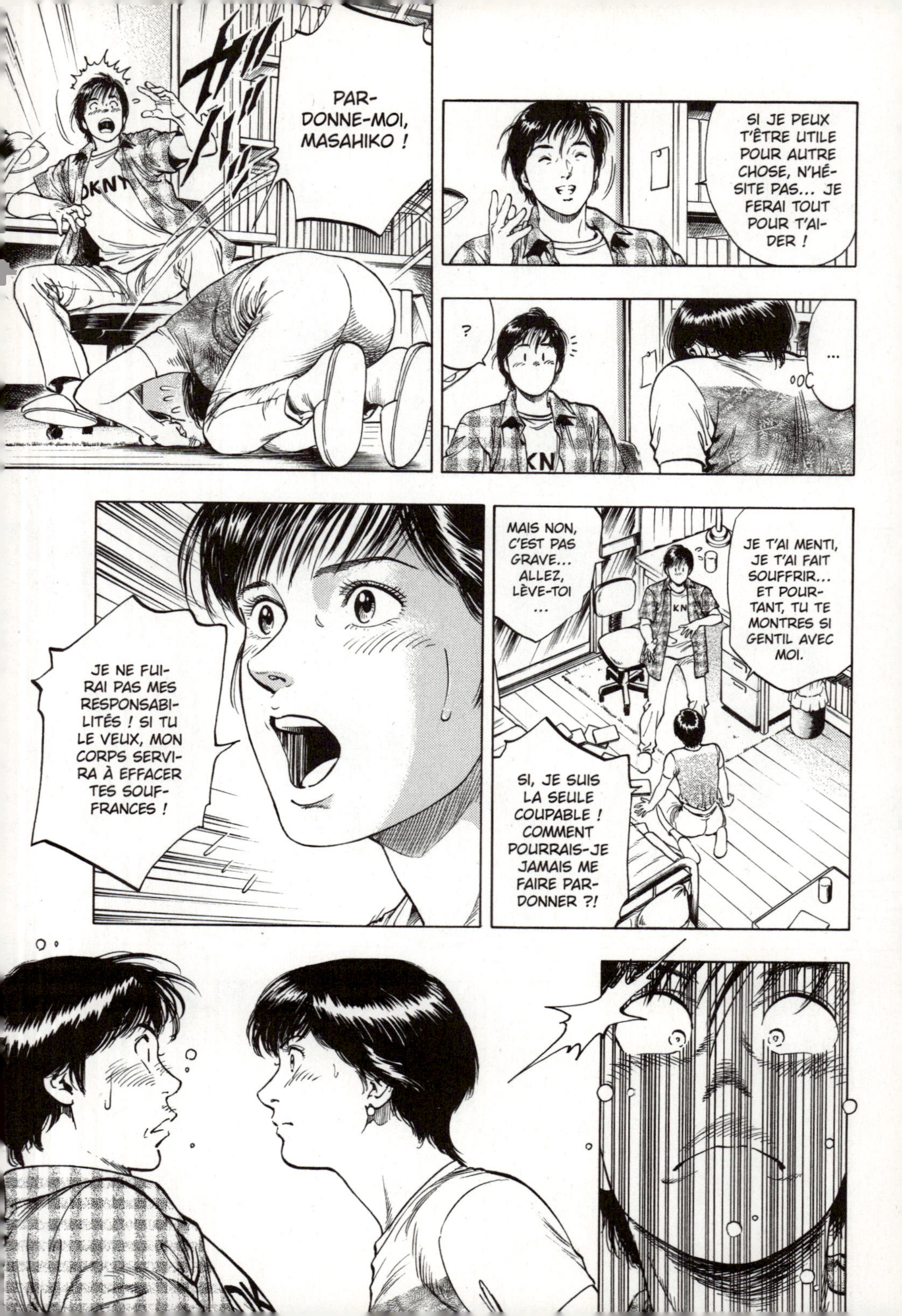
SI JE PEUX T'ÊTRE UTILE POUR AUTRE CHOSE, N'HÉSITE PAS... JE FERAI TOUT POUR T'AIDER !
...
?
PARDONNE-MOI, MASAHIKO !
JE T'AI MENTI, JE T'AI FAIT SOUFFRIR... ET POURTANT, TU TE MONTRES SI GENTIL AVEC MOI.
MAIS NON, C'EST PAS GRAVE... ALLEZ, LÈVE-TOI ...
SI, JE SUIS LA SEULE COUPABLE ! COMMENT POURRAIS-JE JAMAIS ME FAIRE PARDONNER ?!
JE NE FUIRAI PAS MES RESPONSABILITÉS ! SI TU LE VEUX, MON CORPS SERVIRA À EFFACER TES SOUFFRANCES !

C'EST LE CAS, NON ?
AH… OUI, BIEN SÛR ! JE PENSAIS TOUT HAUT !
TU DISAIS AIMER SES MANGAS DEPUIS LA PRIMAIRE ?
OUI… MAÎTRE SORA EST… UN MODÈLE, POUR MOI…
春風 空
CHEZ LUI, J'AI TOUJOURS… TOUT APPRÉCIÉ…
QUAND JE L'AI RENCONTRÉ, J'AI VU UN HOMME PLEIN DE CHARME, TEL QUE JE ME L'ÉTAIS IMAGINÉ EN LISANT SON ŒUVRE. C'EST BIEN LUI QU'IL REPRÉSENTE, À TRAVERS SES PERSONNAGES…
…
TU ES BÊTE… POURQUOI NE M'AS-TU PAS DIT TOUT CELA FRANCHEMENT, DÈS LE DÉBUT ?
MASA-HIKO…
JE NE TE SUIS PAS D'UN GRAND SECOURS, C'EST SÛR…
… MAIS AU MOINS, JE PEUX TE LAISSER DORMIR ICI !

POUR L'INSTANT, VOUS AVEZ UN PROBLÈME PLUS URGENT À RÉGLER, JE PENSE !
CAR DEUX JEUNES GENS DE SEXES OPPOSÉS VONT PASSER LA NUIT ENSEMBLE, SOUS VOTRE TOIT !
ON... ON LES AVAIT COMPLÈTEMENT OUBLIÉS...
...
QUOOIIII ?!
LE MANGAKA SORA HARUKAZE, C'EST SORA ?!
春風 空
*NOTRE EMBLÈME - SORA HARUKAZE
SORA HARUKAZE, DONT LA SÉRIE *NOTRE EMBLÈME* A ÉTÉ ADAPTÉE EN ANIMES ET EN FILMS ?
MAIS OUI, QUI D'AUTRE ?
IN... INCROYABLE...
HARUKAZE EST DONC UN NOM DE PLUME...
C'EST MOI QUI N'ARRIVE PAS À CROIRE QUE TU NE CONNAISSES RIEN DE TON PROPRE ONCLE !
C'EST NORMAL...
MOI, JE CROYAIS QUE LES SHONEN ÉTAIENT FORCÉMENT DESSINÉS PAR DES HOMMES...
TU AS DÉJÀ VU SES MANUSCRITS, POURTANT ?!

PFF...
QUE DOIS-JE FAIRE, MOI...?
BONNE QUESTION...
...
C'EST POURTANT SIMPLE !
SI ON LUI DIT QUE PAPA EST UNE FEMME, QUE SES ASSISTANTES SONT DES HOMMES...
... ELLE DEVRAIT FUIR, COMME TOUS LES AUTRES, NON ?!
NE DIS PAS DE SOTTISES ! ET MON HONNEUR DE DESSINATEUR DE SHONEN, TU Y AS PENSÉ ?!
CE SERAIT FAIT DEPUIS LONGTEMPS, SI C'ÉTAIT POSSIBLE...
D'ACCOOORD...

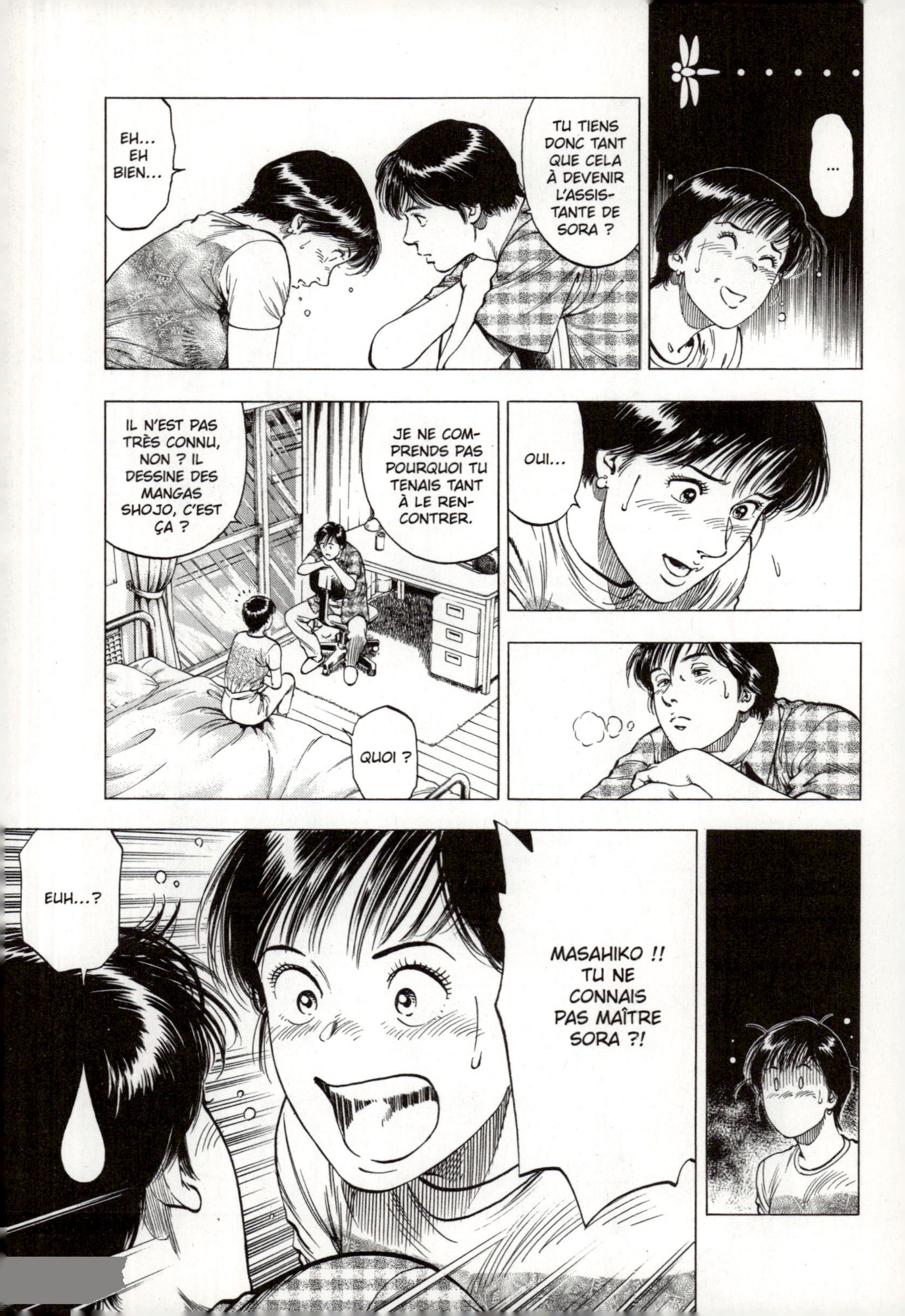
...
TU TIENS DONC TANT QUE CELA À DEVENIR L'ASSISTANTE DE SORA ?
EH... EH BIEN...
OUI...
JE NE COMPRENDS PAS POURQUOI TU TENAIS TANT À LE RENCONTRER.
IL N'EST PAS TRÈS CONNU, NON ? IL DESSINE DES MANGAS SHOJO, C'EST ÇA ?
QUOI ?
MASAHIKO !! TU NE CONNAIS PAS MAÎTRE SORA ?!
EUH...?

JE TE JURE QUE JE T'AIME, CROIS-MOI !
JE DONNE L'IMPRESSION D'AVOIR PROFITÉ DE TOI POUR VOIR MAÎTRE SORA, C'EST VRAI...
...
... MAIS C'EST UN HASARD !
C'EST POUR TOI QUE JE SUIS VENUE ICI, MASAHIKO ! JE N'AI CESSÉ DE T'AIMER DEPUIS LE LYCÉE.
C'EST BON... NE TE FATIGUE PAS, YOKO...
MAIS... JE... JE T'AIME... VRAIMENT...
TU EN FAIS TROP... ARRÊTE ...
MAIS...

11^{E} JOUR
MON HOMME IDÉAL

F.COMPO

ENFIN... MLLE ASAOKA...
NE VOUS INQUIÉTEZ PAS POUR MOI, MADAME !
JE FERAI ATTENTION À NE PAS DÉRANGER VOTRE FAMILLE !!
PUISQUE JE M'INSTALLE CHEZ MASAHIKO ! ♡
DKNY
BIEN JOUÉ ! ♡
TU M'AS BIEN DONNÉ TON ACCORD, MASAHIKO ?
PARDON...?

?
PIT PIT
PIT
?
ALLÔ, MAMAN ? C'EST MOI…
JE RESTE CHEZ UNE AMIE, CE SOIR.
OUI…
NON, JE NE DÎNERAI PAS À LA MAISON…
OUI… D'ACCORD.
AU RE-VOIR.
…
PIT
VU LA SITUATION, JE N'AI PLUS QU'À EM-PLOYER LA FORCE.
JE RESTERAI ICI, JUSQU'À CE QUE VOUS SOYEZ D'ACCORD.

EH BIEN... ILS... ENFIN, ELLES...
JE M'EN SENS CAPABLE, MOI AUSSI !
MAIS TU VIENS D'ENTRER À L'UNIVERSITÉ, NON ?!
DIS...
NE VOUS EN FAITES PAS ! JE PEUX RENONCER À MES ÉTUDES, SI NÉCESSAIRE !
NON, TU DOIS D'ABORD OBTENIR TON DIPLÔME ! ENSUITE, IL NE SERA PAS TROP TARD POUR...
NON !!
... ELLE T'A BIEN ROULÉ, APPAREMMENT...
...
JE... JE ME DOUTAIS BIEN QU'ELLE CACHAIT QUELQUE CHOSE...
AH, VRAIMENT ?
ガタッ
J'AI COMPRIS...
... NOUS NE TOMBERONS JAMAIS D'ACCORD.
TE VOILÀ ENFIN RÉALISTE...

MAÎTRE SORA !
MERCI, MAIS TU ES UNE FILLE… TU NE PEUX TRAVAILLER ICI.
JE VOUS EN PRIE ! J'ADMIRE VOS MANGAS DEPUIS L'ÉCOLE PRIMAIRE !
C'EST NON…
POURTANT…
… TOUTES VOS ASSISTANTES SONT DES FILLES, MAÎTRE SORA !

GWAAAH !
QUE... QUE SE PASSE-T-IL ?!
AÏE AÏE...
...
OUPS...
ET... ET TOI ?
QUI ES-TU ?
M...

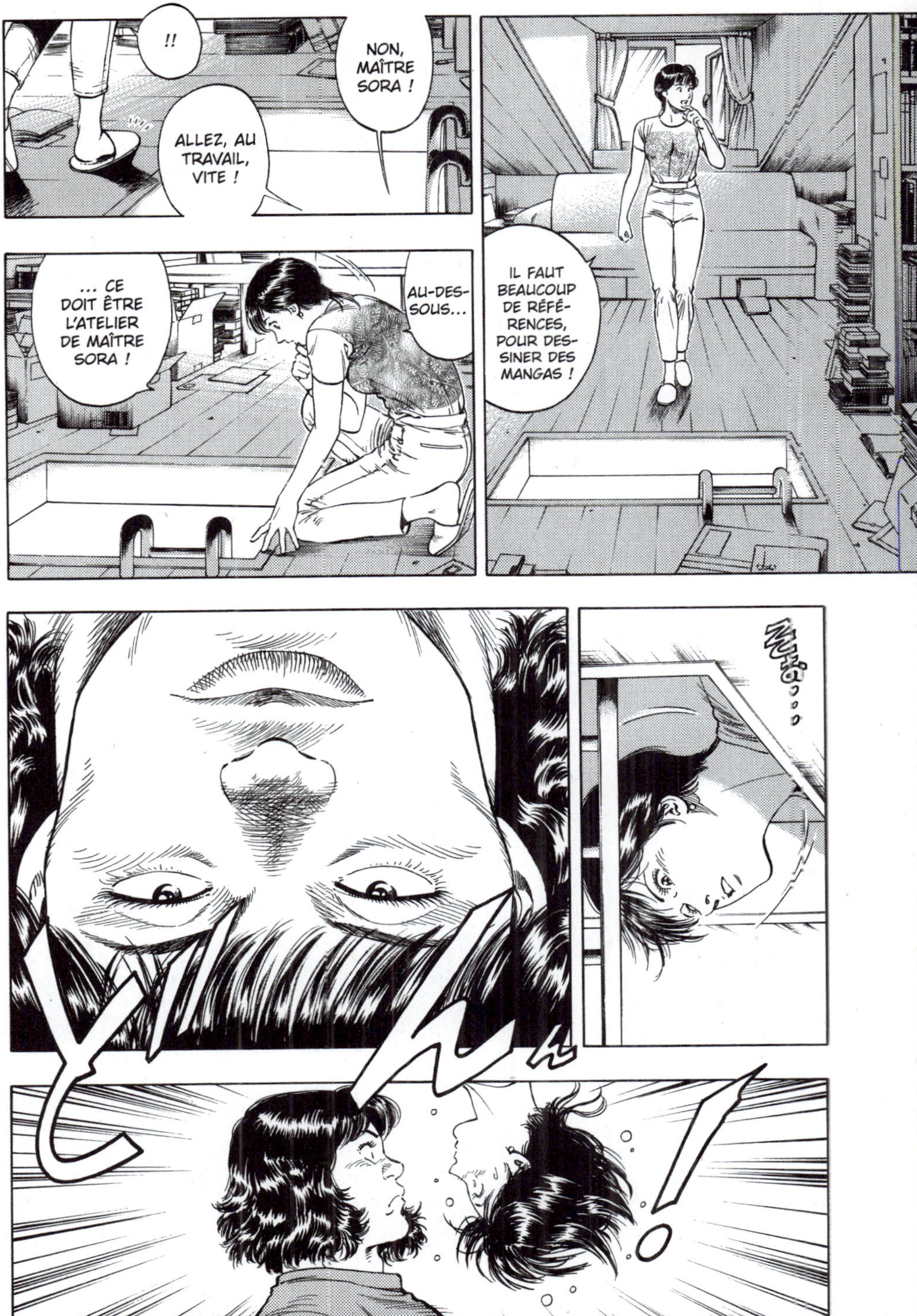
IL FAUT BEAUCOUP DE RÉFÉ-RENCES, POUR DES-SINER DES MANGAS !
NON, MAÎTRE SORA !
!!
ALLEZ, AU TRAVAIL, VITE !
AU-DES-SOUS...
... CE DOIT ÊTRE L'ATELIER DE MAÎTRE SORA !

NOOON !
IL EST TROP TÔT POUR TIRER LES RIDEAUX, NON ?
A... ATTENDS !
J'AI COMPRIS, TU SAIS... PRÉSENTE-LA-MOI, AU LIEU DE LA CACHER !
TIENS...
TIENS ?
ELLE SERAIT TOMBÉE ?
?
...
TOUS CES LIVRES... LA SALLE DE DOCUMENTATION, SANS DOUTE...

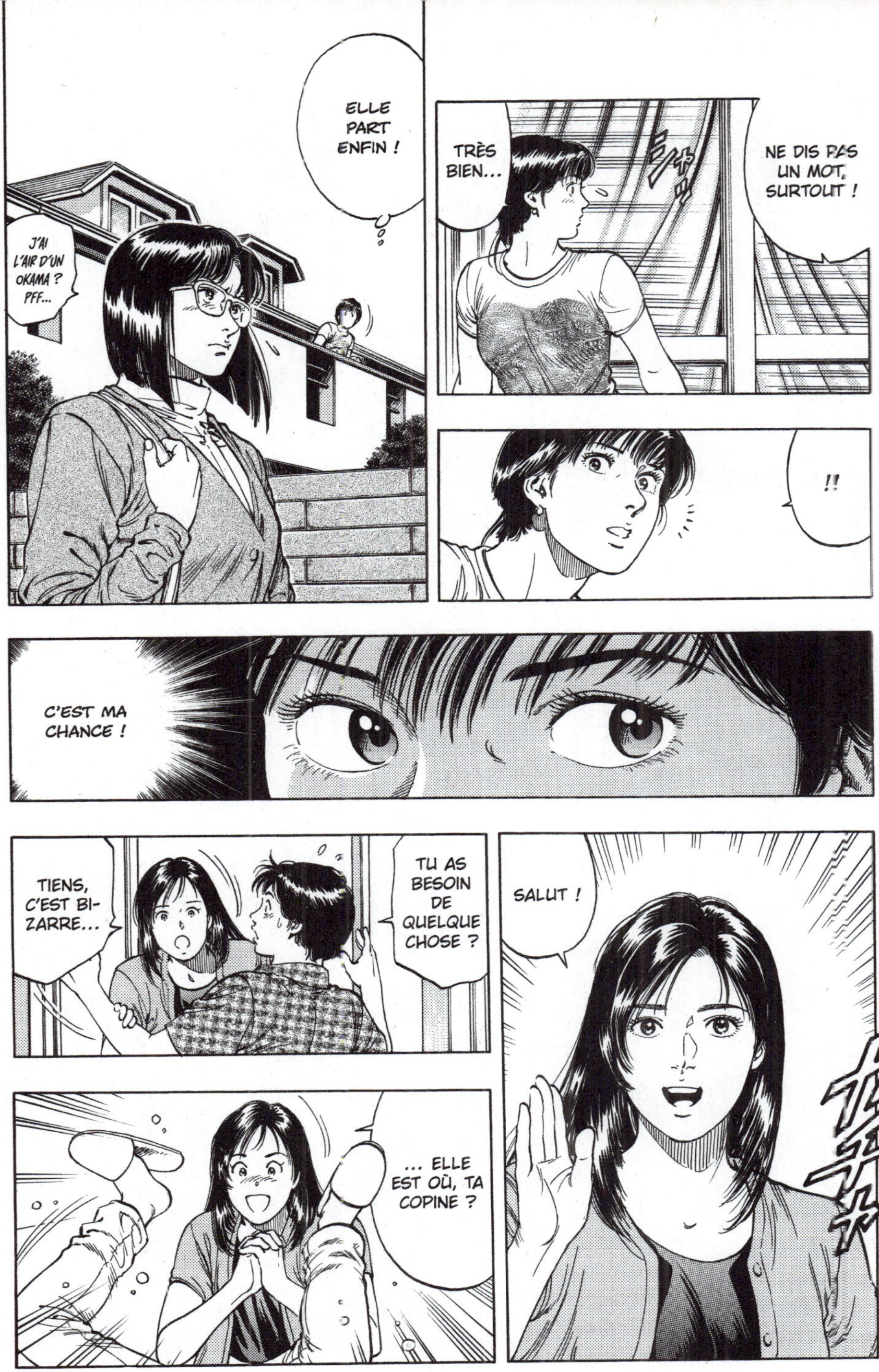
NE DIS PAS UN MOT, SURTOUT !
TRÈS BIEN...
!!
ELLE PART ENFIN !
J'AI L'AIR D'UN OKAMA ? PFF...
C'EST MA CHANCE !
SALUT !
TU AS BESOIN DE QUELQUE CHOSE ?
TIENS, C'EST BI-ZARRE...
... ELLE EST OÙ, TA COPINE ?

IMPOSSIBLE...?
N... NON...
P... PAS...
... PAS DE PROBLÈME, MAIS...
!!
JE SUIS SI CONTENTE !
PARDON, MASAHIKO... MAIS JE NE PEUX PLUS RECULER !
QUE... QUE COMPTE-T-ELLE FAIRE, CETTE NUIT ?!
TU ES LÀ, MASAHIKO ?
ZUT ! CACHE-TOI SUR LE BALCON !

ÇA VA...
... CE N'EST PAS DE TA FAUTE...
DÉSOLÉE, VRAIMENT...
HA HA HA... NE T'EN FAIS PAS, TOUT VA BIEN.
PUIS-JE TE DEMANDER...
... DE ME LAISSER DORMIR ICI, CETTE NUIT ?
...

JE FAIS LES PRÉSENTATIONS… MASAHIKO, VOICI MLLE MORI, DU COMITÉ DE RÉDACTION. ELLE S'OCCUPE DE MOI.
MLLE MORI, VOICI MASAHIKO YANAGIBA, DONT JE VOUS PARLE DEPUIS QUELQUE TEMPS…
?
CE N'ÉTAIT PAS… UNE FILLE ?
OOH… VOUS ÊTES RÉDACTRICE…
OU… OUI… ENCHANTÉE…
…
…?
PARDONNEZ-MOI, MAIS…
… SERIEZ-VOUS… UN OKAMA, VOUS AUSSI ?
DÉSOLÉE, MASAHIKO !
TU M'AS DIT DE RESTER DANS CETTE CHAMBRE, MAIS J'AI EU ENVIE D'ALLER AUX TOILETTES, ALORS…

TIENS... ELLE A DISPARU...
MASAHIKO...
QUE SE PASSE-T-IL, SORA ?
EST-CE QUE, PAR HASARD... TU AS OUVERT CETTE PORTE ?
OUI, C'EST MOI. DÉSOLÉ !
IMPOSSIBLE... JE SUIS SÛRE D'AVOIR VU UNE FILLE...
... ENFIN, JE PENSE...
VOUS AVEZ DÛ VOUS TROMPER, MLLE MORI ! VOUS N'AVEZ ENCORE JAMAIS VU MASAHIKO, N'EST-CE PAS ?
CERTES, MAIS...

AAAH !!
QUE FAIS-TU ICI, TOI ?!
OUVRE CETTE PORTE !
ZUT, J'AI GAFFÉ !
QUE FAIS-TU LÀ, YOKO ?
MASAHIKO !
QU'Y A-T-IL, MLLE MORI ?
MAÎTRE ! C'EST... C'ÉTAIT CETTE FILLE !
PARDON ?
CELLE QUI EST VENUE À LA RÉDACTION, POUR ÊTRE VOTRE ASSISTANTE !

...!!
LE RENDL EST POUR APRÈS-DEMAIN, JE COMPTE SUR VOUS !
OUI, JE N'OUBLIE PAS...
JE VOULAIS JUSTE VOUS RAPPELER QU'ON NE PEUT ATTENDRE DAVANTAGE.
OUI, OUI, JE SAIS...
A-T-IL VRAIMENT COMPRIS ...?
...

JE VOUS LAISSE !
MASA-HIKO ?
?
OUF, C'ÉTAIT MOINS UNE ! CE SERAIT TERRIBLE SI ON APPRENAIT QUE J'AI AMENÉ UNE FILLE DANS MA CHAMBRE, ALORS QUE JE NE SUIS MÊME PAS CHEZ MOI !
SON COMPORTEMENT LAISSE PENSER QU'IL A UNE IDÉE PERVERSE DERRIÈRE LA TÊTE...
...
SI J'EN CROIS MON INTUITION ...
... L'ATELIER DE MAÎTRE SORA DOIT SE TROUVER ICI, AU PREMIER ÉTAGE...
LA CHAMBRE À COUCHER...

YOKO ÉTAIT UN VRAI GARÇON MANQUÉ…
… ET POURTANT, ELLE PENSAIT À MOI… AU POINT DE PLEURER LORSQU'ELLE M'A RETROUVÉ…
…
GLOUB
…
QUE FAIRE, QUE FAIRE…?
ドボボ…
TON VERRE DÉBORDE, MASAHIKO.
!!
YU… YUKARI !
TU SEMBLES RÊVEUR…
OH… TU AS UN INVITÉ ?
HEIN ?! OUI… EUH, NON !
C'EST POUR VOUS, YUKARI !
MERCI …

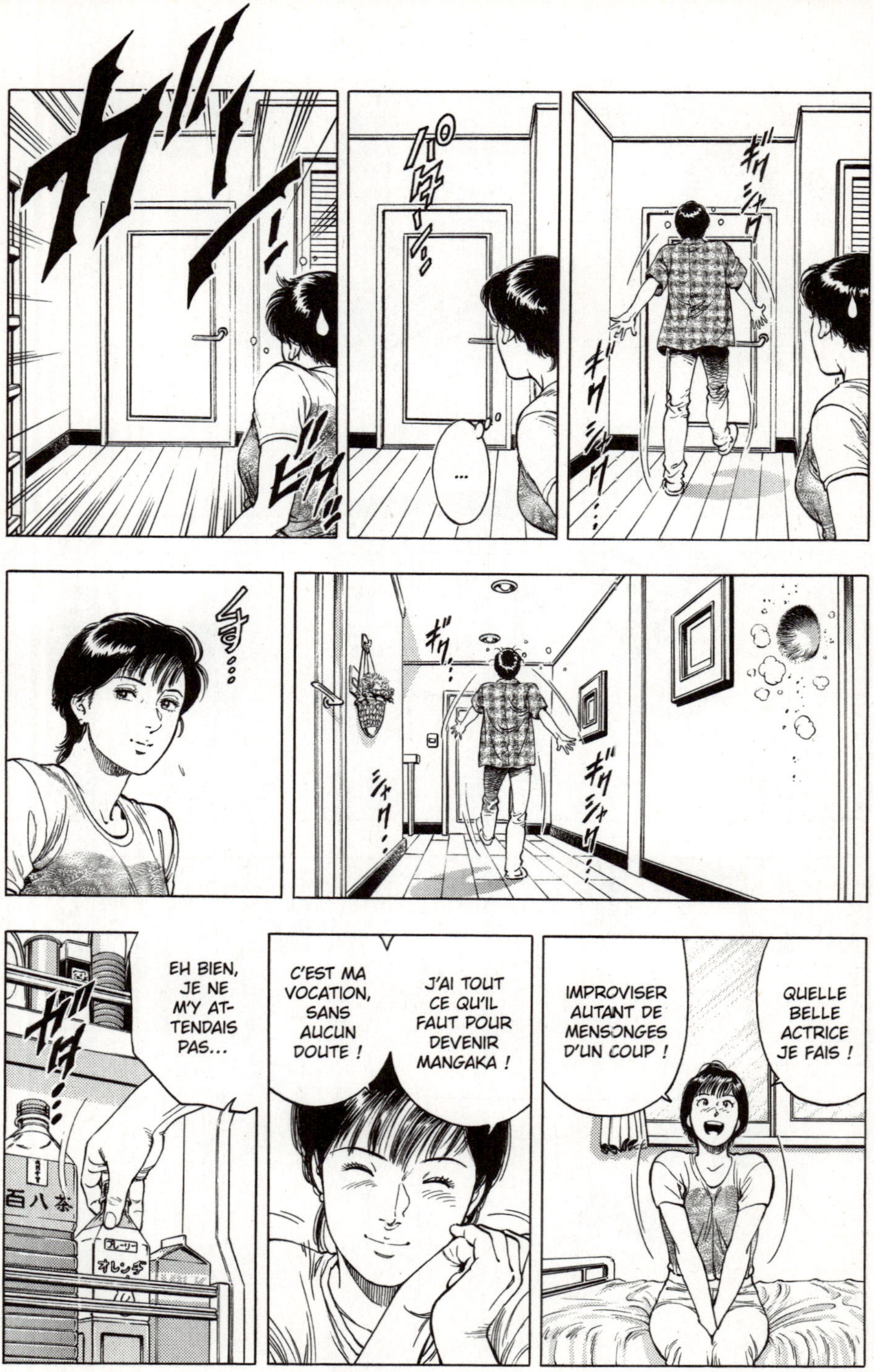
…
QUELLE BELLE ACTRICE JE FAIS !
IMPROVISER AUTANT DE MENSONGES D'UN COUP !
J'AI TOUT CE QU'IL FAUT POUR DEVENIR MANGAKA !
C'EST MA VOCATION, SANS AUCUN DOUTE !
EH BIEN, JE NE M'Y ATTENDAIS PAS…

EUH… ♪

JE N'AI CESSÉ DE TE CHERCHER…
… ET JE T'AI ENFIN RETROUVÉ.
JE SUIS SI HEUREUSE…
…
EUH…
…
DIS…
HUM…
… MA DÉCLARATION EST S BRUSQUE.. JE T'AI GÊNÉ ?
N… NON, PAS DU TOUT !
NON …
… C'EST QUE…
…
JE… JE VAIS CHERCHER DES BOISSONS.
MERCI…

JE SUIS VENUE...
... POUR TE VOIR.
MASAHIKO, DEPUIS LE LYCÉE...
... JE SUIS AMOUREUSE DE TOI...
...
COMME JE N'ARRIVAIS PAS À T'OUBLIER, JE SUIS ALLÉE CHEZ TOI.
TU AVAIS DÉJÀ DÉMÉNAGÉ... CHEZ UN PROCHE, M'A-T-ON DIT.

TOM...
TON ONCLE ?
ICI ?
?
...
J'AI...
... DE LA CHANCE. ♡
ET TO, QUE FAIS-TU LA, YOKO ?
...
TU N'AS PAS COMPRIS ?

MASAHI-KO…
ÇA FAIT UNE PAYE !
ENFIN, TROIS MOIS…
QUE FAIS-TU LÀ, MASAHI-KO ?
EH BIEN… J'HABITE ICI, POUR L'INSTANT.
若苗*
東京都豊島区雑司ヶ谷 4-24-15
*WAKANAE
QUOI ?!
COMMENT ? COMMENT COMMENT COMMENT ?!
OU… OUI ?
TU SAIS BIEN, MON PÈRE EST MORT…
… ALORS JE SUIS VENU VIVRE CHEZ MON ONCLE.

...
JE N'AI PLUS QU'À REVENIR...
TIENS !
YOKO ? C'EST BIEN TOI, YOKO ASAOKA ?
HEIN ?
PA... PARDON-NEZ-MOI !
JE NE PENSAIS PAS À MAL, JE...
WAH !
DIS...
...!!
C'EST MOI, MASAHIKO YANAGIBA ! ON ÉTAIT DANS LE MÊME LYCÉE !

UNE JEUNE ÉTUDIANTE, HEIN ?
LA PRENDRE COMME ASSISTANTE DONNERAIT DE L'ÉCLAT À CET ATELIER...
MAÎTRE !
QUE VOULEZ-VOUS DIRE ?! VOUS ÊTES DÉJÀ ENTOURÉ DE JEUNES FILLES !
DE FILLES ...?
D'EX-HOMMES, OUI...
DANS VOTRE CAS...
IL M'ÉNERVE !
MAÎTRE, VOS PROPOS RELÈVENT DU HARCÈLEMENT SEXUEL !
DU... DU CALME...
J'AI UNE DE CES FAIMS...
...?
SI J'Y VAIS FRANCHEMENT, JE VAIS ÊTRE REFOULÉE...
D'AILLEURS, L'AUTRE VIEILLE SORCIÈRE EST TOUJOURS LÀ...

UNE JEUNE FILLE QUI VOULAIT DEVENIR MON ASSISTANTE ?
OUI...
HAA ! UN VRAI POT DE COLLE !
UNE ÉTUDIANTE DE 18 ANS, APPAREMMENT... ELLE S'EST INTRODUITE DANS LA RÉDACTION, ET REFUSAIT D'EN PARTIR AVANT DE VOUS AVOIR RENCONTRÉ !
NOUS AVONS MIS TROIS HEURES POUR LA RENVOYER !
OOH... ALORS, LES FILLES AUSSI LISENT LES MAGAZINES SHONEN...
MAÎTRE, C'EST UNE CHOSE COURANTE, DE NOS JOURS.
MAIS MON MANGA EST TRÈS MASCULIN... JE NE PENSAIS PAS QU'IL PUISSE PLAIRE AUX FILLES.
CERTAINES FILLES AIMENT LES PERSONNAGES TRÈS MASCULINS ! À TRAVERS EUX, C'EST SANS DOUTE VOUS QU'ELLES IMAGINENT.
OUI, PEUT-ÊTRE...

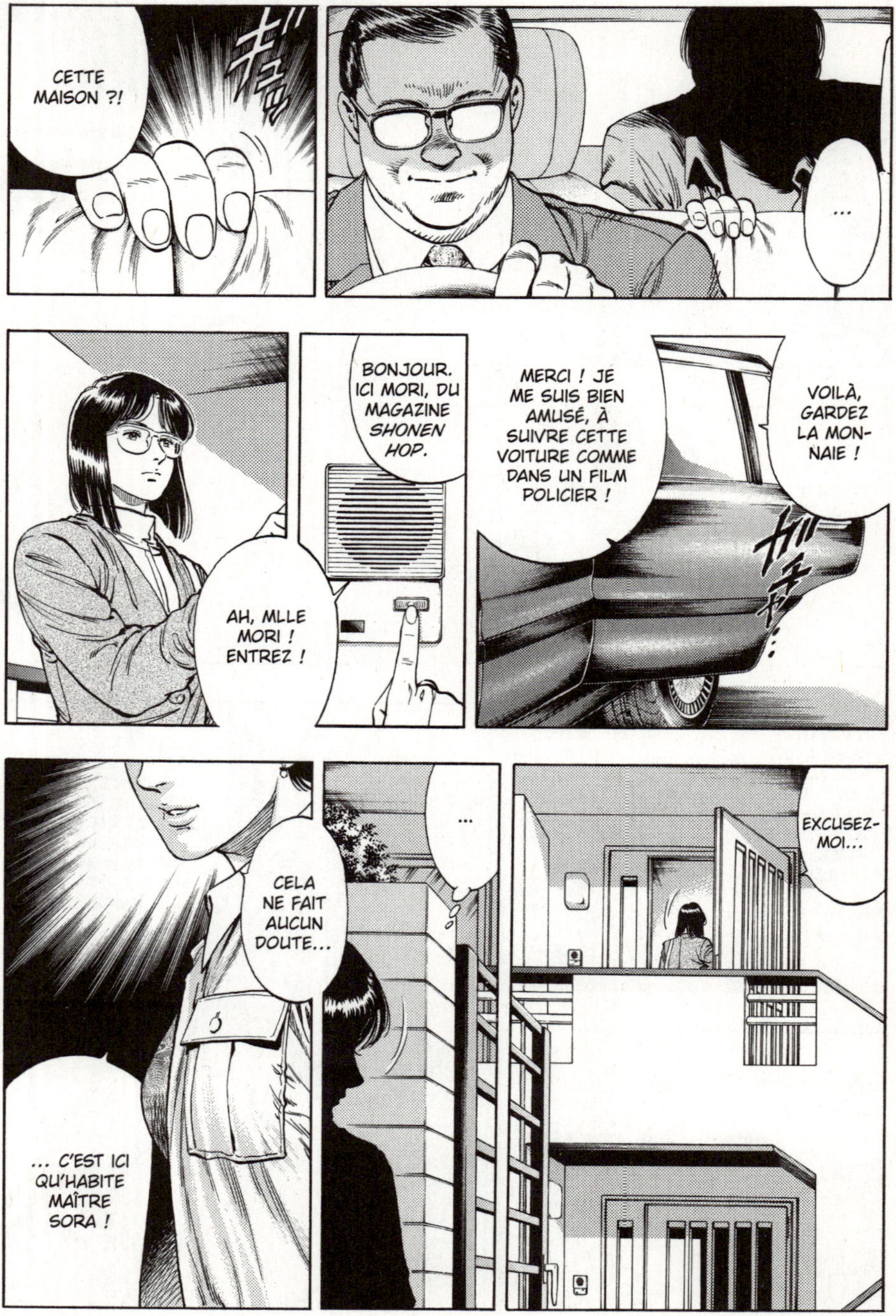
...
CETTE MAISON ?!
VOILÀ, GARDEZ LA MONNAIE !
MERCI ! JE ME SUIS BIEN AMUSÉ, À SUIVRE CETTE VOITURE COMME DANS UN FILM POLICIER !
BONJOUR. ICI MORI, DU MAGAZINE *SHONEN HOP*.
AH, MLLE MORI ! ENTREZ !
EXCUSEZ-MOI...
...
CELA NE FAIT AUCUN DOUTE...
... C'EST ICI QU'HABITE MAÎTRE SORA !

KWII...
...
MERCI BEAU-COUP.
MADEMOI-SELLE...
... LA PAS-SAGÈRE DE LA VOITURE SEMBLE ENTRER DANS CETTE MAISON.

10^E JOUR
UNE ASSISTANTE INSISTANTE

L'ANNÉE PROCHAINE, C'EST SÛR... ON Y ARRIVERA !
OUI ! C'EST CERTAIN !
GLUB GLUB
DIS. .
TU ÉTAIS SÉRIEUSE, TOUT À L'HEURE ?
QUAND ÇA ?
EH BIEN...
... DANS...
OUI ?
SHIGN AVAIT TOUT D'UNE FEMME, À CE MOMENT-LÀ...
NON, RIEN...
ET D'UN HOMME AUSSI... AU FINAL, TOUTES CES PENSÉES M'ONT EMPÊCHÉ DE LUI POSER FRANCHEMENT LA QUESTION... CE VOYAGE VA ME LAISSER UN BON SOUVENIR.. PEUT-ÊTRE.

CE N'EST PAS LE BAIN EXTÉRIEUR, MAIS L'EAU EST LA MÊME !
OUI...
BON... ON Y VA ?
...
OUI...
ふら～～
...
QU'EN PENSES-TU...
... DE CE VOYAGE EN FAMILLE TYPIQUE DE CHEZ NOUS ?
TU AVAIS RAISON... C'ÉTAIT VRAIMENT TERRIBLE, MAIS...
... CES CHOSES RIDICULES N'ARRIVENT JAMAIS, QUAND ON EST SEUL...
...
C'EST AUSSI ÇA, L'AVANTAGE D'ÊTRE TOUS ENSEMBLE.

AH, LE BAIN EXTÉRIEUR ?
LE... LE BAIN...
CUI ?
A... AVANT DE MANGER...
BURP...
NOUS SOMMES DÉSOLÉS, MAIS IL FERME À 23 H !
HAA... C'ÉTAIT AGRÉABLE.
♡
ET SI VOUS Y ALLIEZ ENSEMBLE, PAPA ET MAMAN ?
HA HA HA...

MH ?
MASAHIKO...?
C'EST LA JOIE QUI TE LAISSE SANS VOIX ?
HA...
HA HA... HA...
C'EST PARTI !
NE TE TROMPE PAS, CETTE FOIS-CI !
ジャリ ジャリ
ET C'EST AINSI...
... QU'APRÈS AVOIR ÉTÉ SECOUÉS DE LONGUES HEURES DURANT SUR LES CHEMINS DE MONTAGNE, AU POINT D'AVOIR TOUS MAL AU CŒUR, NOUS SOMMES PARVENUS À REJOINDRE L'AUBERGE... À MINUIT PASSÉ.
BIENVENUE ! NOUS ÉTIONS INQUIETS DE NE PAS VOUS VOIR ARRIVER !
NOUS... NOUS Y SOMMES ...
VOUS DEVEZ ÊTRE FATIGUÉS PAR VOTRE VOYAGE !
JE VAIS PRÉPARER TOUT DE SUITE VOTRE DÎNER.
UN... UN INSTANT...

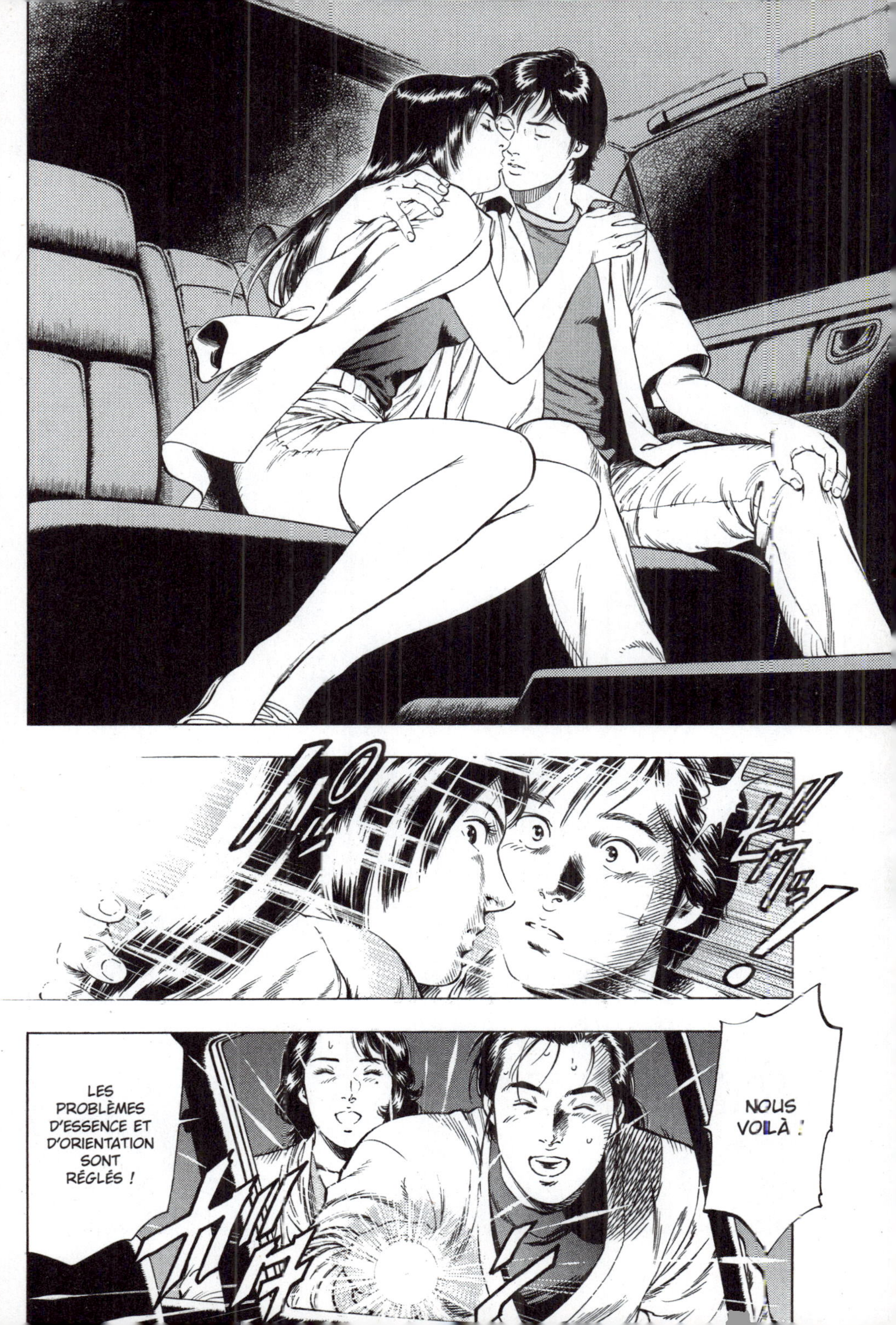
NOUS VOILÀ !
LES PROBLÈMES D'ESSENCE ET D'ORIENTATION SONT RÉGLÉS !

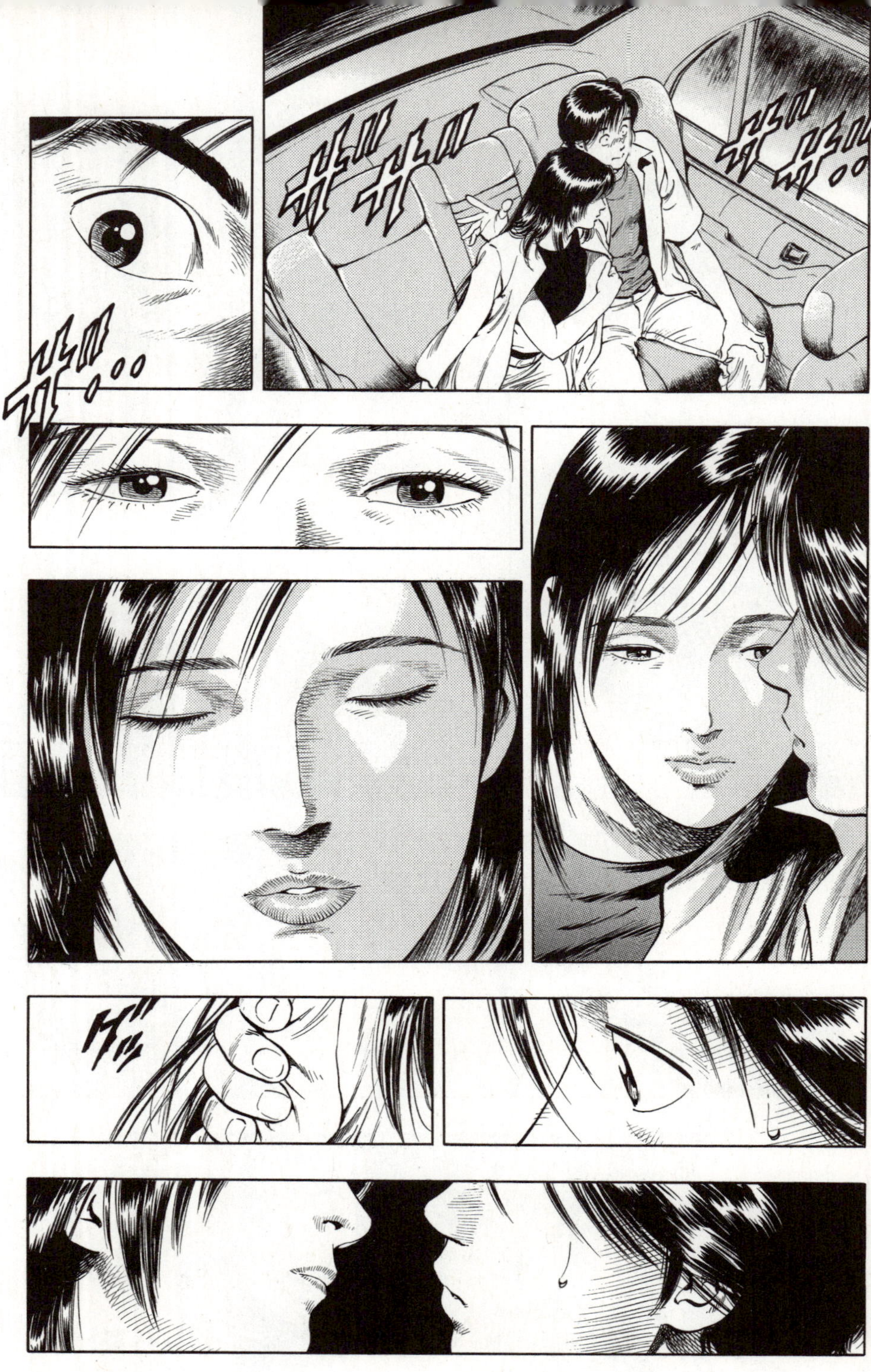

ギュギュ…
ギュ ギュ
ギュ…
グッ

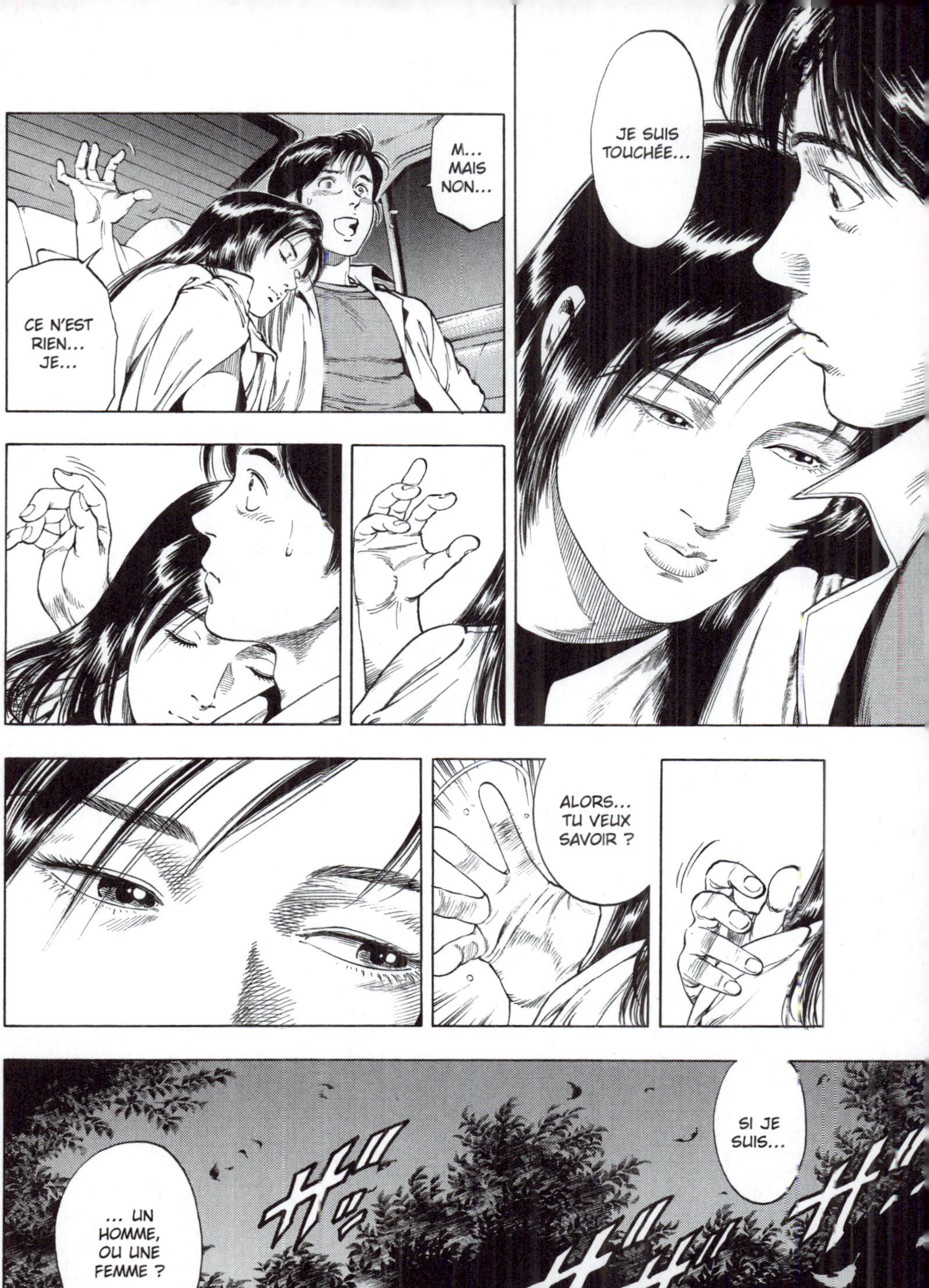
JE SUIS TOUCHÉE…
M… MAIS NON…
CE N'EST RIEN… JE…
ALORS… TU VEUX SAVOIR ?
SI JE SUIS…
… UN HOMME, OU UNE FEMME ?

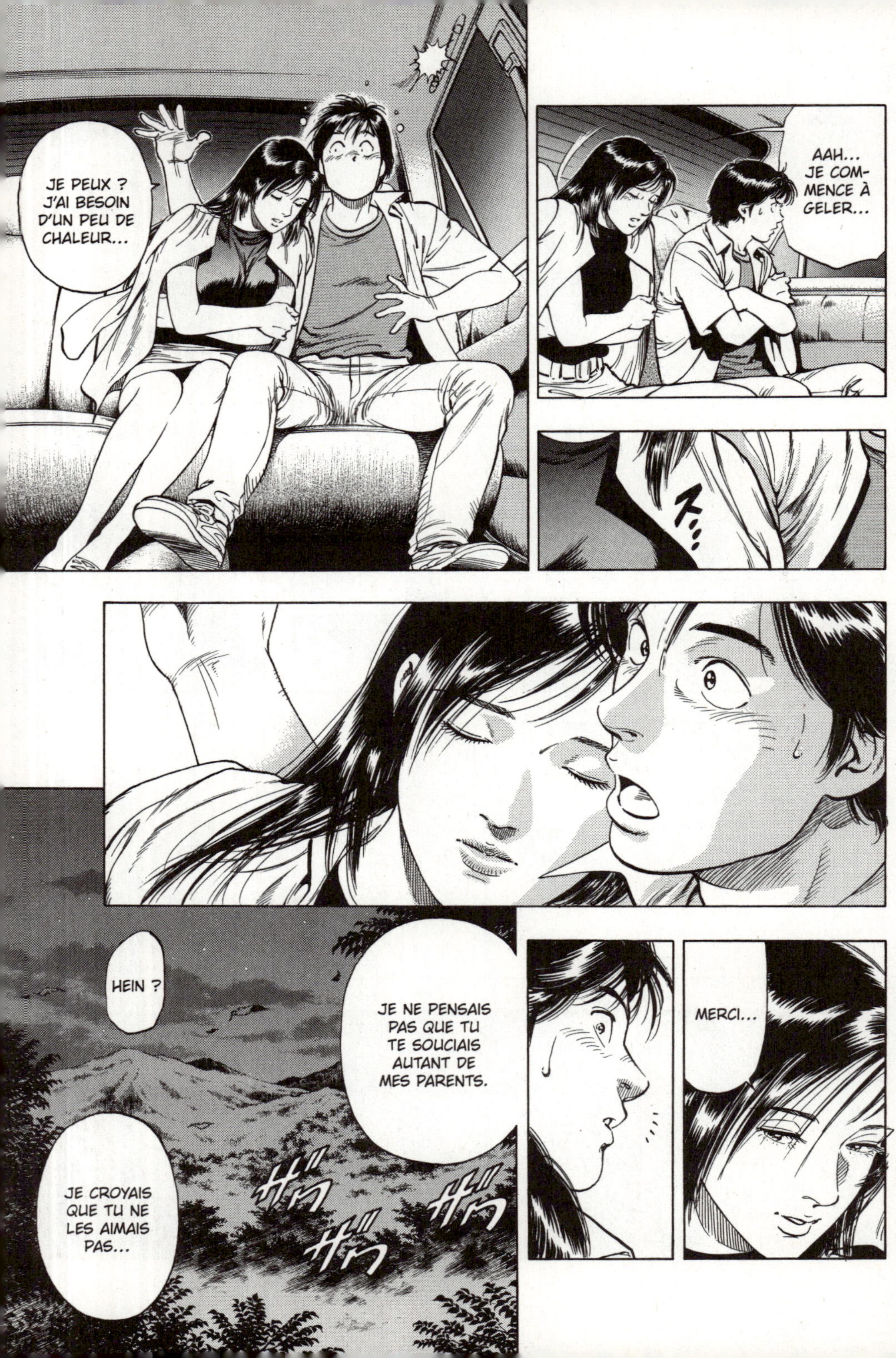
AAH... JE COMMENCE À GELER...
JE PEUX ? J'AI BESOIN D'UN PEU DE CHALEUR...
K...
MERCI...
JE NE PENSAIS PAS QUE TU TE SOUCIAIS AUTANT DE MES PARENTS.
HEIN ?
JE CROYAIS QUE TU NE LES AIMAIS PAS...

...
DOMMAGE, N'EST-CE PAS...
...?
... C'EST MA FAUTE ...?
ALORS...
TU AS RATÉ UNE BELLE OCCASION DE ME VOIR NUE !
JE... JE M'EN FICHE ! LE CORPS D'UN ÊTRE DONT ON N'ARRIVE PAS À DÉTERMINER LE SEXE NE M'INTÉRESSE PAS !
JE VOULAIS JUSTE PROFITER DE CE BAIN POUR SAVOIR UNE BONNE FOIS POUR TOUTES SI TU ES UNE FILLE OU UN GARÇON !
C'EST TOUT, TU ES SÛR ?
C'EST TOUT, OUI !
HI HI...

QUOI ?
TU L'AS FAIT EXPRÈS, HEIN...
... DE TE TROMPER DE CHEMIN ?
DIS...
...
QUI EST VENU SE MÊLER DE TOURNER À GAUCHE OU NON ?
C'EST MOI QUI AVAIS RAISON, AU FINAL...
MAIS... ALORS... TU VEUX DIRE QUE...
J'AI TOUJOURS INDIQUÉ LA BONNE ROUTE...
MAIS... À L'AIRE DE REPOS, TU DISAIS POURTANT...
TU PENSAIS VRAIMENT QUE J'ALLAIS ME COMPORTER COMME UNE GAMINE ?

...
J'AI FROID... RENTRONS DANS LA VOITURE.
D'AC-CORD...
...

ザザザ‥ザ
C'EST… C'EST JUSTE LE VENT…
…
…
À PROPOS, ON EST PASSÉS DEVANT UNE VILLA, TOUT À L'HEURE…
TU AS RAISON… ALLONS DEMANDER DE L'ESSENCE, ET NOTRE CHEMIN.
MAIS ELLE EST TRÈS LOIN D'ICI, CETTE VILLA !
ALLONS ! 30 MINUTES DE MARCHE SUFFIRONT !
JE NE VEUX PAS QUE TU Y AILLES SEUL, JE VIENS AVEC TOI !
MAIS VOUS AVIEZ MAL AU CŒUR, YUKARI… LAISSEZ-MOI Y ALLER…
TOUT IRA BIEN. JE TE CONFIE SHION.
C'EST L'INVERSE, MAMAN.
ON REVIENT LE PLUS VITE POSSIBLE, RESTEZ PRÈS DE LA VOITURE !
SORA ET YUKARI, FAITES ATTENTION À VOUS !
OUI…

プシュー
PAPA ?
HA... HA HA...
PANNE D'ES-SENCE ...
TU N'AS PAS FAIT LE PLEIN AVANT DE PARTIR ?
DÉSOLÉ, JE PENSAIS QUE ÇA IRAIT... JE N'AI PAS DE JERRICAN NON PLUS...
VOUS VOU-LEZ DIRE QUE NOUS ALLONS DEVOIR CAMPER ICI ?
TU PLAI-SANTES, J'ES-PÈRE ?!
KYAAH !

とっぷり
NUIT NOIRE...
TAC TATAC...
IL EST DÉJÀ 21 H... NOUS SOMMES VRAIMENT SUR LA BONNE ROUTE ?
HUM... LE CHEMIN EST DE PLUS EN PLUS ÉTROIT...
... J'AI L'IMPRESSION QU'ON TOURNE EN ROND...
YUKARI, VOUS ALLEZ BIEN ?
...
TOUS CES CAHOTS ONT FINI PAR LA RENDRE MALADE...
VOUS... VOUS AURIEZ UN SAC PLASTIQUE ?

SELON LA CARTE, LA ROUTE DEVRAIT ÊTRE PLUS LARGE ! CE N'EST PAS ICI, JE PENSE !
OUI, EN EFFET...
MAIS SI, C'EST ICI ! DE QUOI VIENS-TU TE MÊLER ?!
CONTI-NUONS TOUT DROIT, PUIS TOURNONS À GAUCHE ENSUITE !
MAIS, AT-TENDS...
BON ! TOUT DROIT, DONC !
TU N'AS PAS CONFIANCE EN TA FILLE, PAPA ?!
OUF...
VOILÀ, C'EST CETTE ROUTE, C'EST SÛR !
...
TU AVAIS RAISON, APPAREM-MENT...
SI C'EST COMME ÇA, MASAHIKO N'A QU'À TE GUIDER !

IL FAUT PRENDRE CETTE ROUTE, TU ES SÛRE ?
OUI, IL FAUT TOURNER À GAUCHE !
MAIS... C'EST UN CHEMIN QUI N'EST MÊME PAS GOUDRONNÉ !
NE T'INQUIÈTE PAS, JE SUIS SÛRE DE MOI !
SHION COMPTE METTRE SON PLAN À EXÉCUTION ?!
EH BIEN, ALLONS-Y...
UN... UN INSTANT !

...
TU TIENS TANT QUE ÇA À ME VOIR NUE ?
C'EST QUOI, CE RAISONNEMENT ?!
ELLE N'A PAS TORT...
TRÈS BIEN, MONSIEUR LE PERVERS
JE... JE NE VEUX VOIR PERSONNE NU, MOI ! NI HOMME NI FEMME !
NOUS VOILÀ ARRIVÉS EN PLEINE MONTAGNE.
NOUS SERONS À L'AUBERGE D'ICI UNE HEURE.

MAIS DANS QUEL BUT ?!
C'EST À CAUSE DU BAIN MIXTE ! C'EST TROP !
EN PLUS, TÊTU COMME L'EST PAPA...
MAIS...
D'AILLEURS, BAIN MIXTE OU PAS, MES PARENTS VONT ENCORE ATTIRER TOUS LES REGARDS !
SI JEUNES, C'EST TRISTE ...
ヒソ ヒソ ヒソ
PENSE À TOI ! ON TE VERRA COMME L'UN DES LEURS, SI TU TE BAIGNES AVEC EUX !
LES TROIS COMPÈRES.
...
PAR CONTRE, SI TU DÉVIES PAPA DE SA ROUTE, LE VOYAGE SERA ANNULÉ...
ALORS ? ♡
...
C'EST SÛR... MAIS...
... JE PENSE QU'ILS SONT BIEN CONSCIENTS D'ÊTRE UNE CURIOSITÉ POUR LES AUTRES... ET ILS L'ASSUMENT, NON ?
MALGRÉ LEURS DIFFÉRENCES, ILS VEULENT PROFITER DU BAIN... ILS SONT SI JOYEUX À CETTE IDÉE...
CE SERAIT VRAIMENT DOMMAGE DE LEUR GÂCHER CETTE OPPORTUNITÉ.

... EN-SEMBLE..
POURQUOI TU SOURIS, TOI ?
P... POUR RIEN !
VOUS VOUS BAIGNEREZ SANS MOI, C'EST DÉCIDÉ !
KANTAVLY
JE NE RÉUSSIRAI JAMAIS À TE GUIDER, LA ROUTE EST TROP COMPLIQUÉE...
ALLONS, ÇA IRA...
...
DIS DONC...
OUI ?
LES FAIRE SE TROMPER DE ROUTE ?!

LES PARENTS ET LES ENFANTS, TOUS ENSEMBLE !
ON VA SE LAVER LE DOS ENTRE HOMMES, MASAHIKO ! HA HA HA !
EUH...
ENTRE HOMMES...
JE VAIS ME RETROUVER DANS L'EAU AVEC SORA ET SON CORPS... DE FEMME...
D'AUTRE PART... J'AI DÉJÀ VU YUKARI NUE UNE FOIS... SI JE POUVAIS ÉVITER UNE DEUXIÈME FOIS...
HUM... JE...
... MERCI, MAIS JE PRÉFÈRE...
PAPA, MAMAN, VOUS PLAISANTEZ ?!
ALLONS... IL Y AURA PEU DE MONDE, EN SEMAINE...
ÇA NE TE DÉRANGE PAS QUE DES ÉTRANGERS VOIENT TA FILLE NUE, PAPA ?!
MAIS JE NE VEUX PAS, MOI ! SURTOUT DEVANT MASAHIKO !
AVEC SHION...

... MIXTE ! ♡
UN BAIN MIXTE ?!
HÉ HÉ HÉ !
NOUS AVONS CONSULTÉ TOUS LES GUIDES TOURIS-TIQUES POUR TROU-VER UNE AUBERGE BIEN À L'ÉCART, OÙ NOUS POURRONS PROFITER DU BAIN SANS PROBLÈME !
OUI... SI VOUS LE DITES...
EN PLUS, LE BAIN EST À L'EXTÉRIEUR, LA VUE SERA MAGNIFIQUE !
AAH... NOTRE RÊVE VA ENFIN SE RÉALISER
UN BAIN OÙ NOUS POURRONS NOUS PRÉLASSER, ENFIN...
QUEL BONHEUR...

POURTANT, CES SENTIMENTS CONTRADICTOIRES NE M'EMPÊCHAIENT PAS DE RESSENTIR..
... UNE GRANDE EXCITATION... JE SUIS PEUT-ÊTRE ENCORE UN ENFANT, APRÈS TOUT.
AH LÀ LÀ...
À QUOI BON Y ALLER...? COMME D'HABITUDE, LES EMPLOYÉS VONT PROTESTER, ET NOUS FINIRONS...
... PAR PRENDRE UN BAIN DANS NOTRE CHAMBRE, COMME À LA MAISON !
C'EST NUL DE GÂCHER DEUX JOURS POUR ÇA...
M... MAIS...
ON NE SAIT JAMAIS... N'EST-CE PAS, SORA ?
HÉ HÉ HÉ...
CETTE FOIS-CI, J'AI PRÉPARÉ UN PLAN SECRET...
UN... UN PLAN SECRET ?! LEQUEL, SORA ?
MAIS OUI, BIEN SÛR...
TOUT LE MONDE TE CROIT...
LE GRAND BAIN DE L'AUBERGE DANS LAQUELLE NOUS ALLONS DESCENDRE, VOYEZ-VOUS, EST...

POURTANT, MES PARENTS ADORENT LES SOURCES THERMALES... LEUR PLUS GRAND RÊVE EST DE S'Y BAIGNER EN TOUTE TRANQUILLITÉ...
C'EST POUR CELA QUE CHAQUE ANNÉE, ILS CHOISISSENT UN ENDROIT PEU FRÉQUENTÉ... ET COMME LES GENS RISQUENT D'ÊTRE NOMBREUX LES JOURS FÉRIÉS...
... MES PARENTS PRÉFÈRENT ÉVITER LA GOLDEN WEEK, CETTE ANNÉE... MAIS...
... JE PENSE QUE CELA N'ARRANGERA RIEN, VU LA POPULARITÉ DES ONSEN.
ALORS, NE TE FAIS PAS TROP D'ILLUSIONS...
...
OSCILLANT ENTRE JOIE ET INQUIÉTUDE, JE VIS FINALEMENT ARRIVER...
... LE JOUR DU DÉPART POUR MON PREMIER VOYAGE EN FAMILLE.

RÉFLÉCHIS UN PEU ! PAPA A UN CORPS DE FEMME, DONC IL SE CROIRA FORCÉ D'ENTRER...
... DANS LE VESTIAIRE DES FEMMES...
C'EST PAREIL POUR MAMAN ! IMAGINE-LA DANS LE BAIN POUR FEMMES, AVEC SES ATTRIBUTS MASCULINS...
DE TOUTE FAÇON, ILS CRÉERONT UN SCANDALE ! ET UNE NOUVELLE FOIS, LES EMPLOYÉS DE L'HÔTEL, FURIEUX, NOUS METTRONT À LA PORTE...
JE SUIS SÛRE QUE MA FAMILLE FIGURE SUR LES LISTES NOIRES DES PRINCIPAUX ONSEN DU PAYS...
HUM...

TU VAS SANS DOUTE COCHER LE CALENDRIER JUSQU'AU JOUR DU DÉPART ?
C'EST… C'EST NORMAL, NON ?!
JE SUIS VRAIMENT CONTENT, C'EST TOUT !
TU AS PEUT-ÊTRE L'HABITUDE, MAIS MOI, JE NE SUIS JAMAIS ALLÉ DANS UN ONSEN EN FAMILLE…
JUSTEMENT ! IL EST LÀ, LE PROBLÈME !
C'EST LE PIRE DES VOYAGES POSSIBLES CHEZ NOUS !
?
COMME TOUJOURS, NOUS ALLONS CRÉER LA PANIQUE LÀ OÙ NOUS DESCENDRONS !
LA PANIQUE ?
LE PROBLÈME, C'EST LE BAIN LUI-MÊME !
HEIN ?
JE COMPRENDS DE MOINS EN MOINS…

BON, C'EST DÉCIDÉ ! MAIS JE GARDE SECRÈTE NOTRE DESTINATION. ♡
HAA… J'AI HÂTE DE PARTIR…
TU POURRAS BIEN T'ABSENTER DEUX JOURS, PUISQUE NOUS SOMMES D'ACCORD !
ELLE EST BIEN PERMISSIVE, QUAND ÇA L'ARRANGE…
C'EST BIEN BEAU, MAIS VOTRE FILLE VA AU LYCÉE, CES JOURS-LÀ…
ET TOI, MASAHIKO ?
AUCUN PROBLÈME POUR MOI !
FOI DE PARESSEUX !
…
REGARDEZ-MOI CET IDIOT, QUI A L'AIR JOYEUX COMME UN GAMIN !
UN VOYAGE EN FAMILLE…

*BAIN THERMAL. L'EAU CHAUDE DE CES BAINS EST LE PLUS SOUVENT ISSUE DE SOURCES VOLCANIQUES (NDT).

*CE CHAPITRE EST PUBLIÉ EN JANVIER, ET POURTANT JE PARLE DÉJÀ DE LA GOLDEN WEEK**...*

**SEMAINE SITUÉE À CHEVAL SUR AVRIL ET MAI ET REGROUPANT QUATRE JOURS FÉRIÉS ; C'EST TRADITIONNELLEMENT À CETTE PÉRIODE QUE LES JAPONAIS PRENNENT DES VACANCES (NDT).

9E JOUR
UN VOYAGE EN FAMILLE !

F.COMPO

PFF...
J'AI L'IMPRESSION QUE CETTE SIMPLE JOURNÉE M'AURA APPORTÉ BEAUCOUP DE SOUVENIRS.
TOUS DE CHALEUREUX SOUVENIRS...
EN PLUS, LE LENDEMAIN...
...
... JE ME SUIS RETROUVÉ AVEC TROIS NOUVEAUX MUGS.

...
ギシ
ギシ…ッ
...
パターン
...?
カララ…
GOOD MORNING
CK

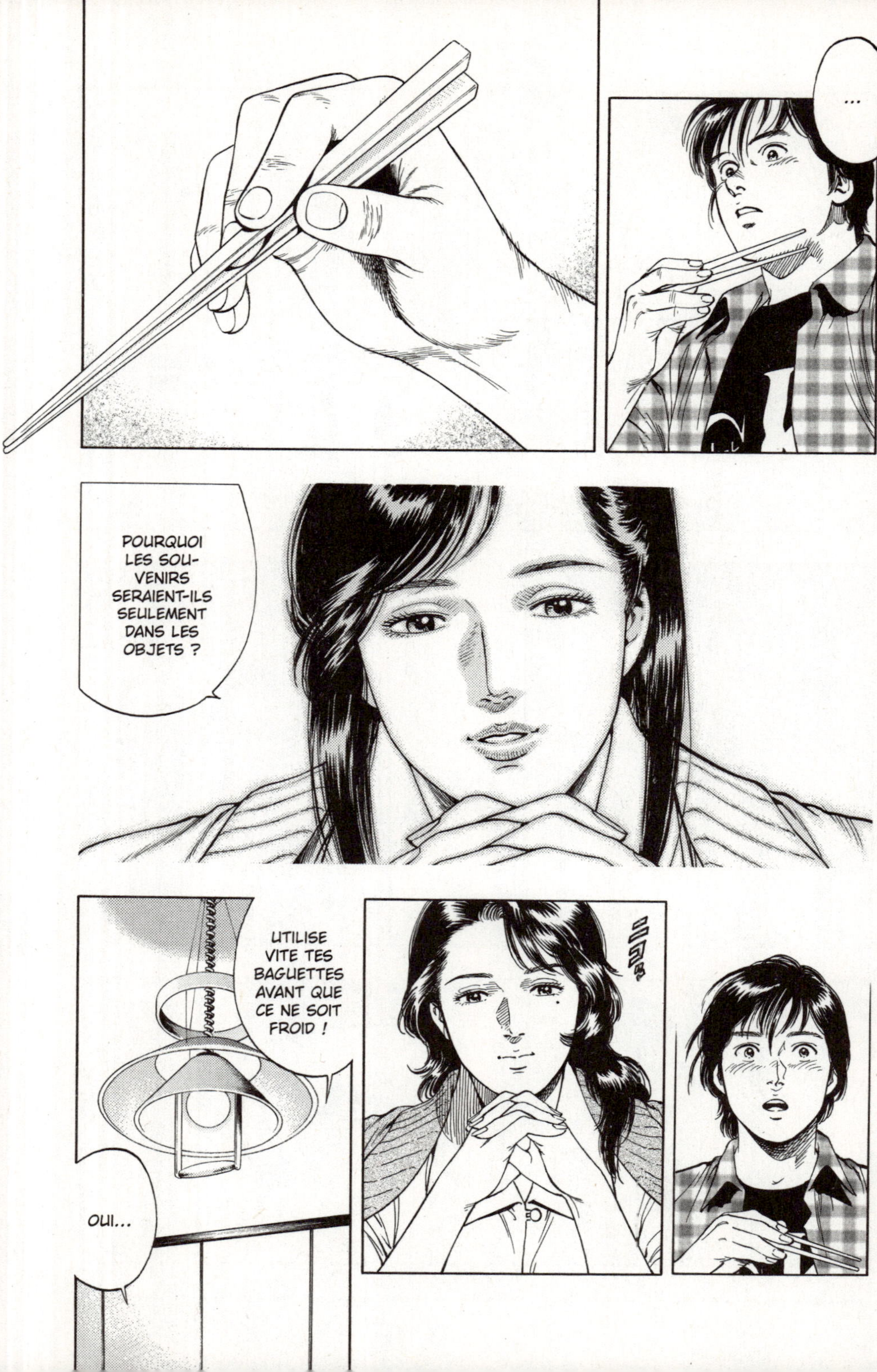
...
POURQUOI LES SOU-VENIRS SERAIENT-ILS SEULEMENT DANS LES OBJETS ?
UTILISE VITE TES BAGUETTES AVANT QUE CE NE SOIT FROID !
OUI...

OUAAH ! TU ES TRÈS DOUÉ ! MAMAN VA PERDRE !
BIEN SÛR ! MAINTENANT, JE PEUX TOUT MANGEEER !
...
TENIR TES BAGUETTES... LES BONNES MANIÈRES, LE SAVOIR-VIVRE...
CET ENSEIGNEMENT DE TA MÈRE EST EN TOI... À TOUT JAMAIS !
J'EXAGÈRE PEUT-ÊTRE UN PEU, MAIS... CHACUNE DE CES CHOSES EST GRAVÉE EN TOI !
COMME AUTANT DE SOUVENIRS DE TA MÈRE, NE TROUVES-TU PAS ?

HÉ HÉ... JE VAIS TOUT MANGER, SI TU TRAÎNES !
C'EST PAS JUSTE, MAMAN !
TIC TIC !
HA ! HAA !
IL NE FAUT PAS PIQUER, MAIS PINCER, COMME CECI.
GNAP !
OOH ! DISPARU ! HA !

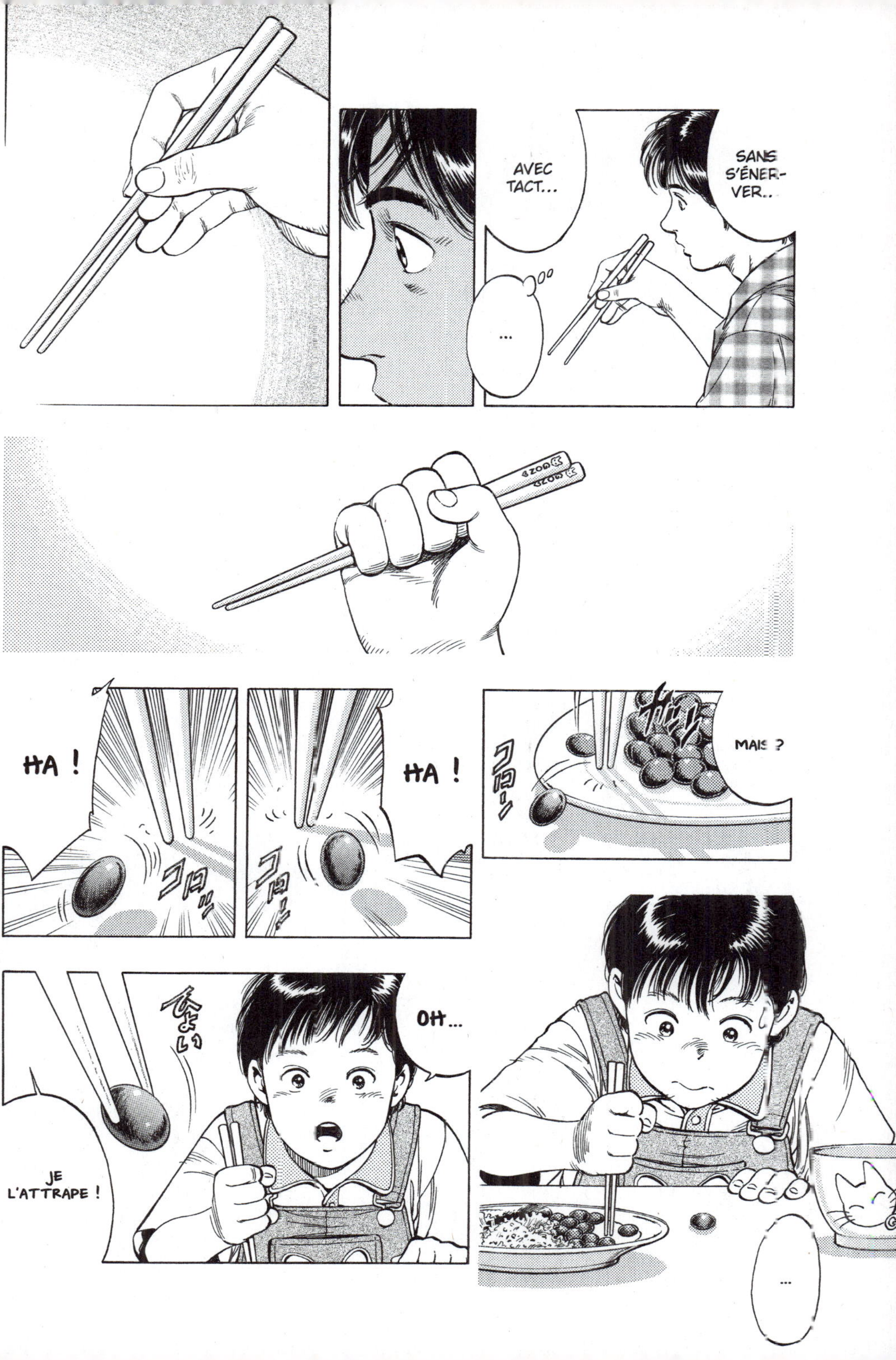
AVEC TACT...
SANS S'ÉNER-VER...
...
HA !
HA !
MAIS ?
JE L'ATTRAPE !
OH...
...

... JE SUIS TRISTE...
J'AI L'IMPRESSION QUE L'UNIQUE SOUVENIR DE MA MÈRE EST PARTI EN MORCEAUX...
...
TU ES DOUÉ POUR TENIR TES BAGUETTES...
...
MES BAGUETTES ?
OUI... J'AI EU BIEN DU MAL, POUR APPRENDRE À SHION !
ELLE LES TENAIT D'UNE FAÇON TERRIBLE, DANS SON ENFANCE...
COMME CECI...
LA CORRIGER M'A PRIS UN TEMPS FOU.
MAIS... ÇA S'EST FAIT NATURELLEMENT, POUR MOI... PERSONNE NE M'A APPRIS.
BIEN SÛR QUE SI. TA MÈRE T'A APPRIS HABILEMENT, C'EST TOUT...

OUI...
MERCI BEAU-COUP.
BON APPÉ-TIT.
AH... EN FAIT...
JE VAIS TE PRÉPARER QUELQUE CHOSE...
...
C'EST JUSTE QUE...
JE N'EN VEUX À PERSONNE... D'AILLEURS, C'EST MOI QUI L'AI CASSÉ.
JE SUIS DÉSOLÉE, POUR AU-JOURD'HUI.

MERDE !
...
...!
JE ME DOUTAIS BIEN QUE TU AURAIS FAIM...

J'AI TERMINÉ.
...
IL A FINI PAR M'ÉNERVER... JE VAIS FAIRE UN PETIT TOUR !
EH BIEN... ELLE QUI ÉTAIT SI SIMPLE, AU-TREFOIS...
ELLE EST DANS SA PÉRIODE DIFFICILE !
...
GON

SHION, ÇA SUFFIT MAINTE-NANT !
QUEL GAMIN... À CHAQUE FOIS...
CHÉRI ...
SHION...
JE SAIS QUE TOUT COMME MASAHIKO, TU ES BLESSÉE TOI AUSSI.
...
CESSE D'ESSAYER DE NOUS ÉNERVER AINSI, CESSE DE TE CACHER TON PROPRE MALAISE...
JE SAIS QUE TU ES SUFFISAMMENT ADULTE, SHION, POUR TROUVER PAR TOI-MÊME CE QU'IL CONVIENT DE FAIRE DANS CETTE SITUATION.

IL NE POURRA PLUS L'UTILISER, MÊME S'IL LE RECOLLE !
IL SE SENTIRAIT MIEUX EN LE JETANT UNE BONNE FOIS POUR TOUTES À LA POUBELLE ! IL EST PÉNIBLE, À TOUJOURS TOUT REGRETTER !
...
...

C'EST... SI TRISTE...

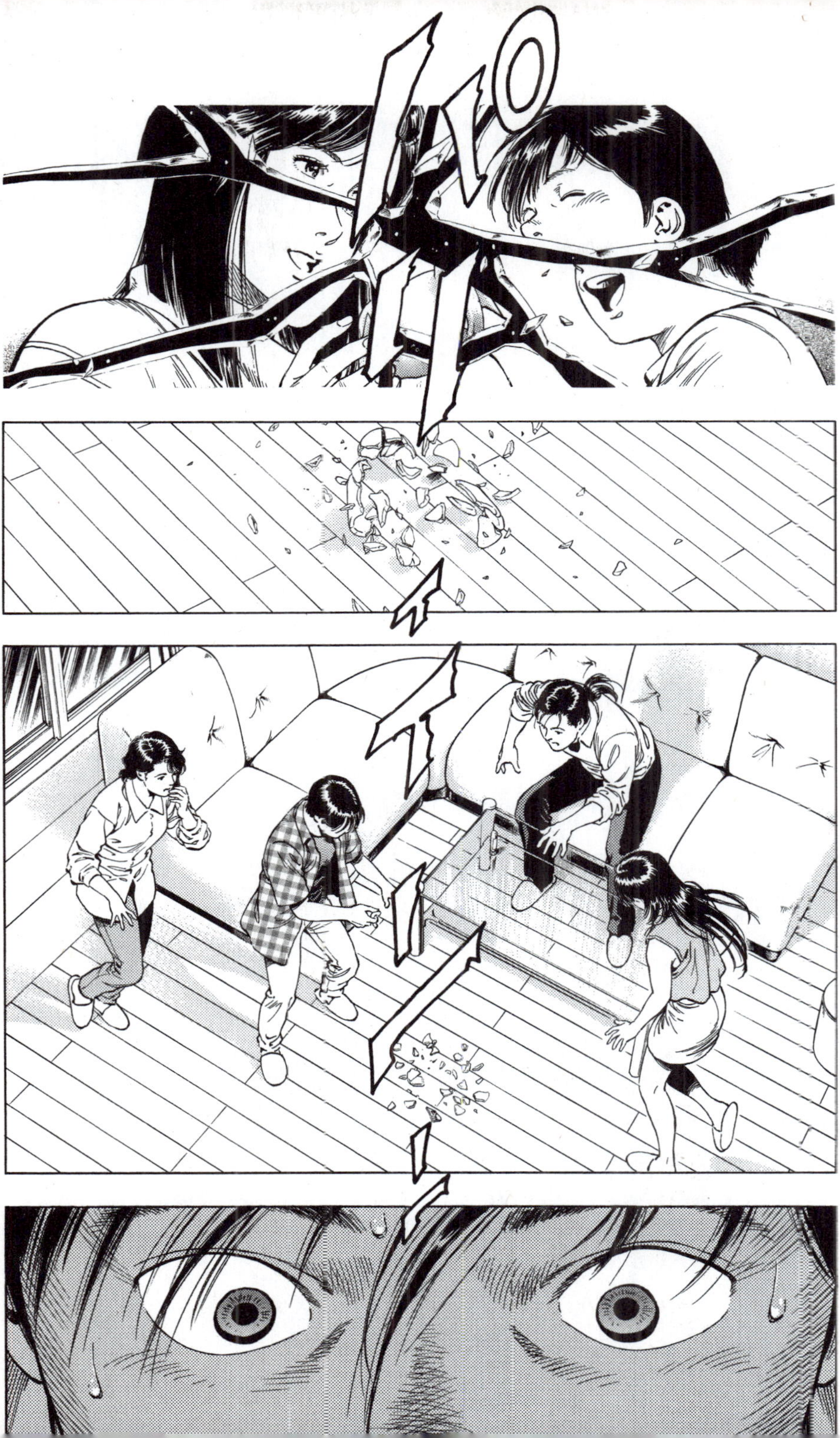
パリィィィィィィ

BON, EH BIEN...
... SI TU NE LAISSES PLUS TOMBER TON VERRE JUSQU'À LA FIN DE L'ANNÉE...
... JE TE L'OFFRIRAI COMME CADEAU DE NOËL.
C'EST VRAI ? TU PROMETS, MAMAN ?!
ET TOI, TU ME PROMETS ?
OUI ! CROIX DE BOIS, CROIX DE FER !
OUAAH ! MERCI, MAMAN !
HA HA ! AVEC ÇA, TU N'ES PLUS UN BÉBÉ, MASAHIKO ! FAIS-Y ATTENTION !
OUI !
J'EN PRENDRAI BIEN SOIN ! TOUJOURS !
MÊME EN PRIMAIRE, MÊME MARIÉ, MÊME MORT, TOUJOURS !
TOUJOURS !

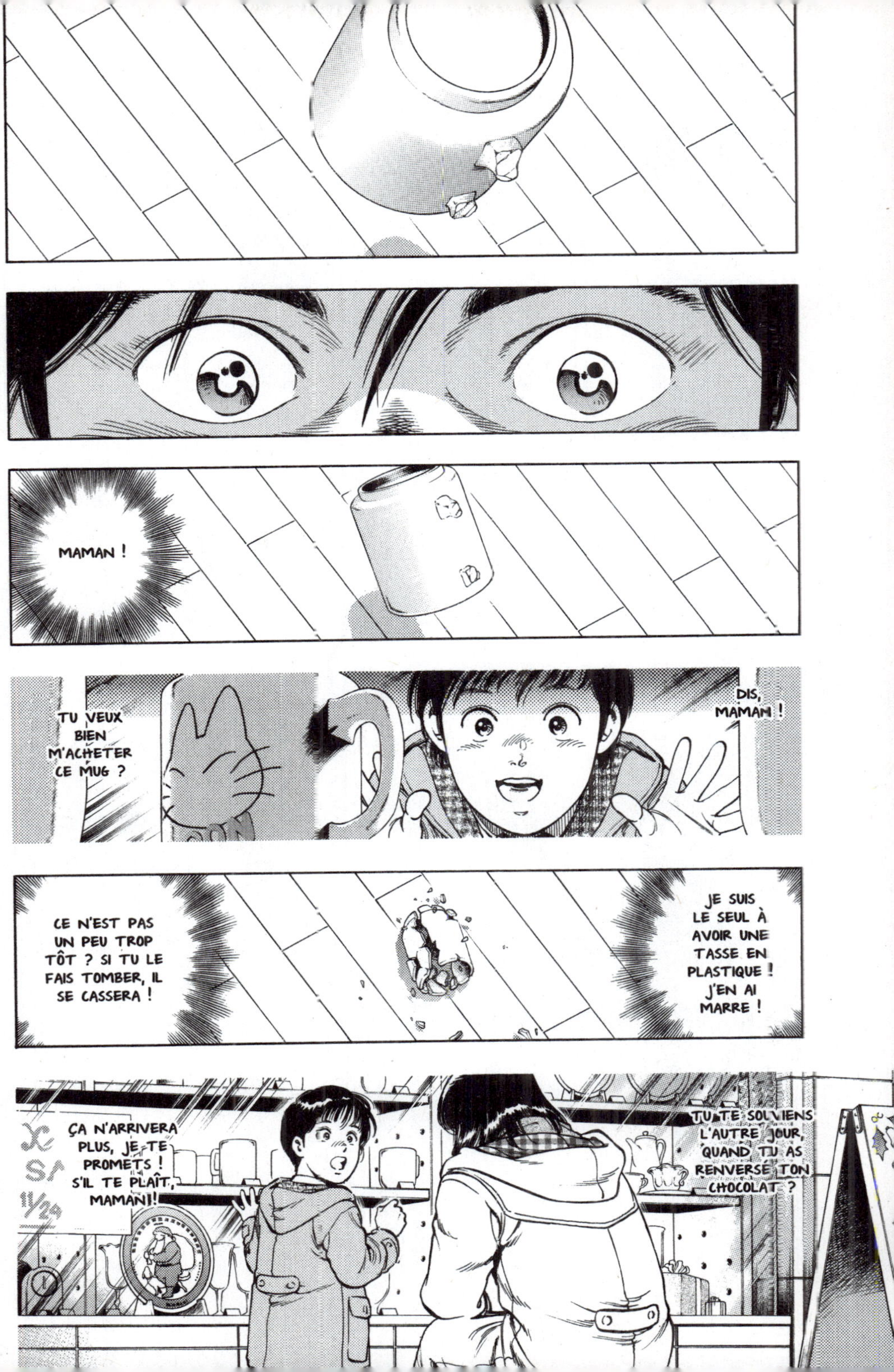
MAMAN !
DIS, MAMAN !
TU VEUX BIEN M'ACHETER CE MUG ?
JE SUIS LE SEUL À AVOIR UNE TASSE EN PLASTIQUE ! J'EN AI MARRE !
CE N'EST PAS UN PEU TROP TÔT ? SI TU LE FAIS TOMBER, IL SE CASSERA !
TU TE SOUVIENS L'AUTRE JOUR, QUAND TU AS RENVERSÉ TON CHOCOLAT ?
ÇA N'ARRIVERA PLUS, JE TE PROMETS ! S'IL TE PLAÎT, MAMAN !
11/24

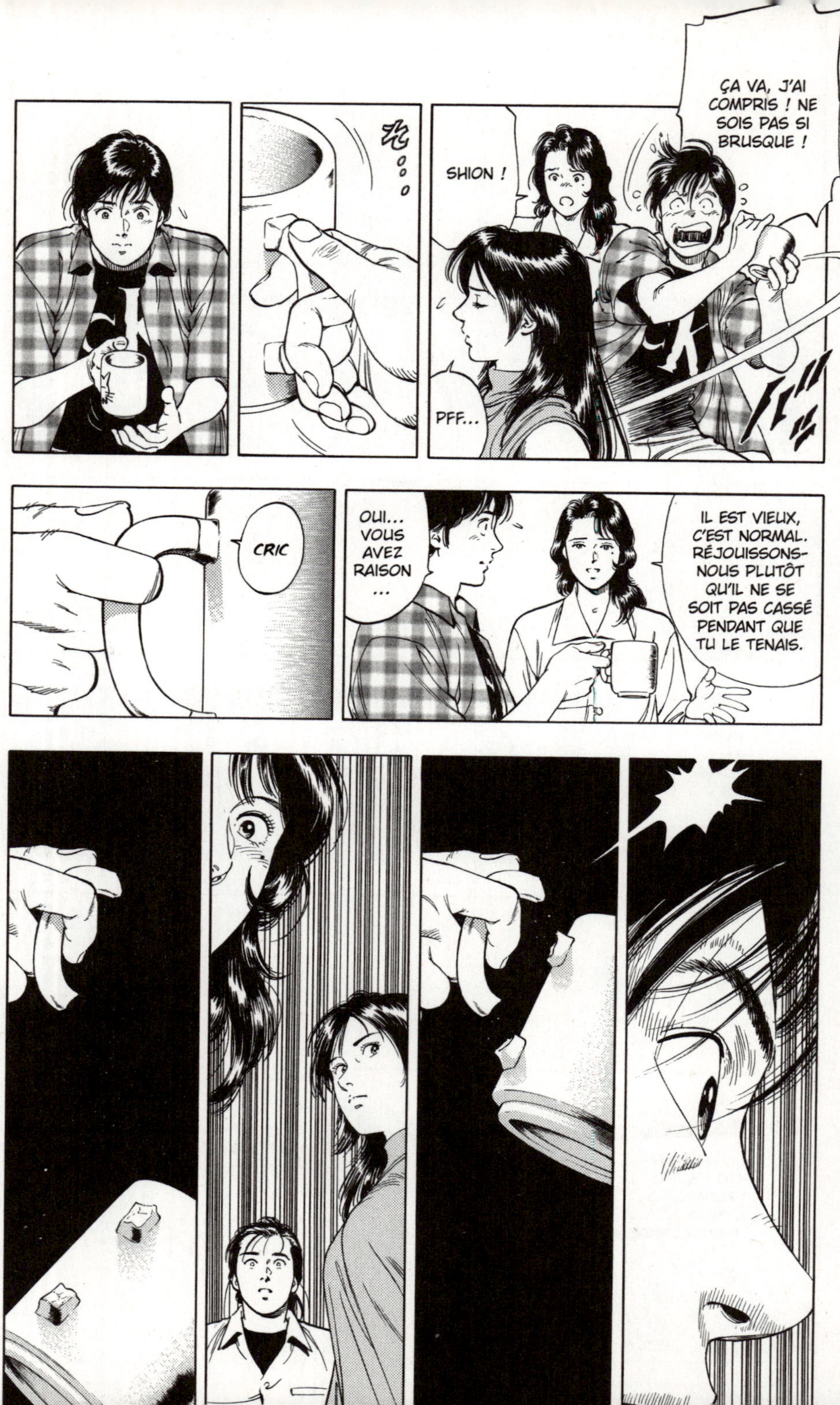
ÇA VA, J'AI COMPRIS ! NE SOIS PAS SI BRUSQUE !
SHION !
PFF...
IL EST VIEUX, C'EST NORMAL. RÉJOUISSONS-NOUS PLUTÔT QU'IL NE SE SOIT PAS CASSÉ PENDANT QUE TU LE TENAIS.
OUI... VOUS AVEZ RAISON ...
CRIC

VOILÀ C'EST RÉPARÉ ! IL EST COMME NEUF !
EH BIEN ...
JE M'INQUIÉTAIS, MAIS TOUT FINIT BIEN, FINALEMENT... N'EST-CE PAS, MASAHIKO ?
...
JE SUIS DÉSOLÉE, VRAIMENT... MAIS IL EST RÉPARÉ, NON ?
PARDONNE-MOI, JE NE SAVAIS PAS QU'IL ÉTAIT SI PRÉCIEUX...
IL EST ABÎMÉ...
CE N'EST RIEN DU TOUT ! ET TON MUG SE SERAIT CASSÉ TÔT OU TARD, PUISQUE L'ANSE EST PARTIE JUSTE QUAND JE L'AI POSÉ !
OH !
FAIS CONFIANCE À LA TECHNOLOGIE JAPONAISE ! REGARDE, IL EST PLUS SOLIDE QU'AVANT !
WAAH ! ARRÊTE !

*COLLE INSTANTANÉE

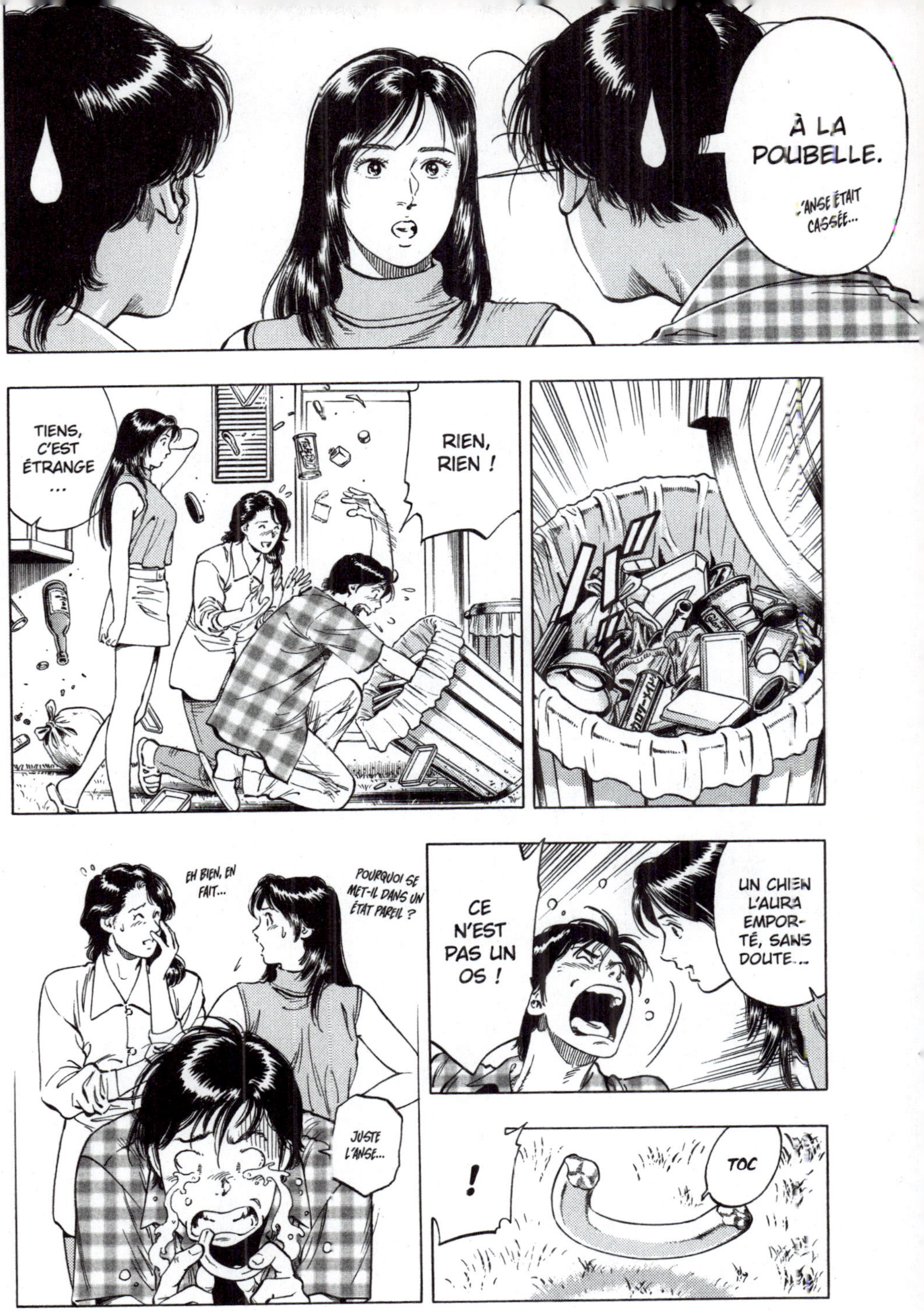
À LA POUBELLE.
L'ANSE ÉTAIT CASSÉE...
RIEN, RIEN !
TIENS, C'EST ÉTRANGE ...
UN CHIEN L'AURA EMPORTÉ, SANS DOUTE...
CE N'EST PAS UN OS !
POURQUOI SE MET-IL DANS UN ÉTAT PAREIL ?
EH BIEN, EN FAIT...
JUSTE L'ANSE...
TOC
!

QUOI DONC ?
MON MUG ! VOUS NE L'AVEZ PAS VU ?!
EH BIEN... TU ES LE SEUL À LE TOUCHER, ALORS...
JE L'AI POSÉ ICI APRÈS L'AVOIR LAVÉ, HIER SOIR ! VOUS ÉTIEZ LÀ ! MAIS IL A DISPARU !
CALME-TOI, MASAHIKO. TU AS DÛ L'ÉGARER, VOILÀ TOUT.
C'EST PARFAITEMENT IMPOSSIBLE !
VOUS EN FAITES DU BRUIT, À CRIER AINSI. ON VOUS ENTEND JUSQU'EN HAUT.
JE TRAVAILLE, MOI !
AH, SHION...
TU N'AURAIS PAS VU LE MUG DE MASAHIKO ?
SON...
... MUG ?
TU PARLES DE CE VIEUX TRUC...
WAAH !
TU SAIS OÙ IL EST ?!

MH ?
TONC
IL A DISPA-RU !
OÙ EST-IL ?
OÙ EST-IL ?!
QU'Y A-T-IL, MASA-HIKO ?
IL N'EST NULLE PART, NULLE PART !

JE SUIS LÀ !
CETTE VIEILLE SORCIÈRE !
J'AI PAS LE DROIT DE M'AMUSER, MÊME À LA MAISON ? C'EST ÇA ?!
ELLE EST PÉNIBLE AVEC TOUS SES DEVOIRS !
C'EST QUOI, CE VIEUX TRUC SANS ÂGE ?
MAMAN FERAIT MIEUX DE JETER CES VIEILLERIES AU LIEU DE S'OBSTINER À LES GARDER...

VOUS... VOUS AVEZ RI ! VOUS PENSEZ QUE J'AI UN COMPLEXE MATERNEL, C'EST ÇA !
PAS DU TOUT ! VOILÀ LONGTEMPS QUE TU PRENDS SOIN DE CET OBJET, TA MÈRE SERAIT CONTENTE...
CE N'EST PAS SHION QUI EN SERAIT CAPABLE...
...
TOC ...
CEPENDANT...
... JE NE PENSE PAS QUE LES SOUVENIRS DE TA MÈRE SE LIMITENT À CET OBJET.
PARDON ...?
BONNE NUIT.
...?
BONNE NUIT...

AH, TON MUG ? TU AURAIS PU LE POSER AVEC LA VAISSELLE.
N... NON, MERCI... JE PEUX LE FAIRE MOI-MÊME...
ÉTRANGE... TU NE LAISSES PERSONNE Y TOUCHER... IL EST SI IMPORTANT, POUR TOI ?
LE CADEAU D'UNE AMOUREUSE, PEUT ÊTRE ?
AAH, NON...CE N'EST PAS ÇA...
VOUS N'ALLEZ PAS VOUS MOQUER ?
BIEN SÛR QUE NON.
VOUS ME PROMETTEZ ?!
EN FAIT... C'EST UN CADEAU DE NOËL QUE M'A FAIT MA MÈRE, QUAND J'AVAIS 5 ANS.
UN CADEAU DE MA GRANDE SŒUR ?
OUI... LE PREMIER, ET LE DERNIER...
TOUS LES SOUVENIRS DE MA MÈRE SONT CONCENTRÉS DANS CET UNIQUE OBJET...
...

TING
VOILÀ !
QUE FAIS-TU, MASAHIKO ?
OH... JE LAVAIS JUSTE QUELQUE CHOSE...

8E JOUR
SOUVENIR DE MA MÈRE

PARDONNE-MOI, POUR AUJOURD'HUI...
MAIS NON... TU EN AS FAIT BEAUCOUP, BRAVO.
TOI AUSSI, CHÉRI.
...
EN LES OBSERVANT, À TRAVERS LE VOILE DE MON DEMI-SOMMEIL...
... JE VOYAIS UN HOMME ET UNE FEMME, TOUT SIMPLEMENT...
JE VOYAIS, POUR LA PREMIÈRE FOIS, UN COUPLE NORMAL... UN COUPLE HEUREUX.
DIS, IL FAUDRAIT PEUT-ÊTRE AUGMENTER TES ASSISTANTES, NON ?
IL FAUDRAIT, OUI...

CE N'EST PAS GRAND-CHOSE, MAIS...
COMMENT AS-TU COMPRIS QUE J'AVAIS FAIM ?
C'EST SIMPLE...
TU N'AURAIS PAS FINI TON TRAVAIL, SI TU AVAIS PRIS LE TEMPS DE BOIRE ET MANGER...
MERCI...

SORAAA... MI... MICHION ACCOMPLIIIE...
OUI ?
PFF... CE BON À RIEN...
MICHION ACCOMPLIE...
D'ACCORD, D'ACCORD...
QUE FAIS-TU, YUKARI ?
EH BIEN...
TU DOIS AVOIR FAIM, NON ?
TU N'AS RIEN MANGÉ DEPUIS MON DÉPART, N'EST-CE PAS ?
C'EST VRAI...
GROUIIK...

EXCUSE-MOI... J'AI RENCONTRÉ PAR HASARD MASAHIKO, COMPLÈTEMENT IVRE, ET CELA M'A RETARDÉE.
AH... AH, D'ACCORD...
MAIS... ET TON TRAVAIL ?
AH, JE... JE VIENS DE TERMINER... OUI...
JE TE CONFIE MASAHIKO, CHÉRI...
D'ACCORD...
HEIIIN ?
...
BON...
AH, SORA... SONBOIIIR !
...

J'AI TERMI-NÉÉÉ !
ET VOUS ?!
TERMI-NÉÉÉ...
CLAP CLAP CLAP...
ALLONS-Y VITE, HIROMI !
M... MAÎTRE... IL EST DÉJÀ 2 H 30...
LE CLUB A FERMÉ DEPUIS PLUS D'UNE HEURE...
ET ELLE N'EST TOUJOURS PAS RENTRÉE ?!
MERDE !
YUKA-RIII !
NOUS VOILÀ, BONSOIR !

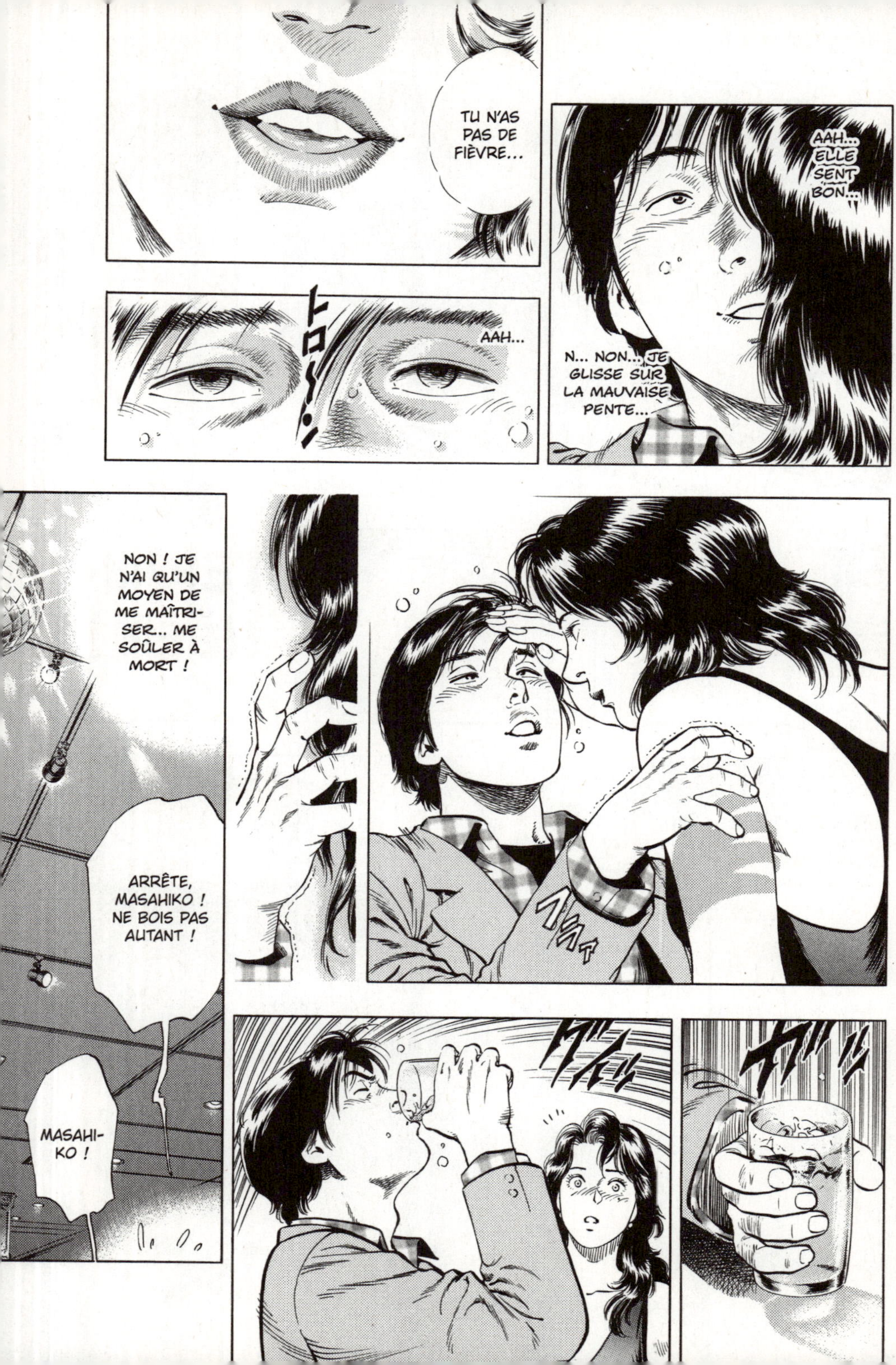
TU N'AS PAS DE FIÈVRE...
AAH... ELLE SENT BON...
AAH...
N... NON... JE GLISSE SUR LA MAUVAISE PENTE...
NON ! JE N'AI QU'UN MOYEN DE ME MAÎTRISER... ME SOÛLER À MORT !
ARRÊTE, MASAHIKO ! NE BOIS PAS AUTANT !
MASAHIKO !

BON… TU M'AS TIRÉE D'UN MAUVAIS PAS, JE VAIS ME MONTRER INDULGENTE.
EN ÉCHANGE, TU GARDERAS POUR TOI CE QUI S'EST PASSÉ ICI.
OUI…
PARCE QUE SORA EST TRÈS JALOUX VOIS-TU. ♡
JE… VOIS…
I… IDIOT ! YUKARI EST UN HOMME !
L'ALCOOL TE FAIT TOURNER LA TÊTE… RE-PRENDS-TOI !
ELLE… ELLE EST BELLE…
SON CHARME EST BIEN PLUS PUISSANT QUE D'HABITUDE… LE MAQUILLAGE, PEUT-ÊTRE…
EH BIEN, TU ES TOUT ROUGE… TU NE TE SENS PAS BIEN ?

DU CALME, VIEUX LUBRIQUE !
WAAH ?!
!
MASAHIKO ?!
QUE FAIS-TU ICI ?!
AH... NON... JE...
TU ES PEUT-ÊTRE ÉTUDIANT, MAIS ENCORE TROP JEUNE !
BIEN TROP JEUNE POUR VENIR ICI !
OUI...
DÉ... DÉSOLÉ...

YUKARI EST UN HOMME, VOUS INQUIÉTEZ PAS.
MASAHI-KO ?!
NON, ARRÊ-TEZ !
C'EST UN HOMME...
QUE SE PASSE-T-IL ?! HÉ...
...
GWOOOH !

ALLÔ...
ALORS, MASAHIKO ?!
IL NE SE PASSE RIEN... ZE CHUIS VRAIMENT OBLIGÉ DE RESTER ?
J'AI L'AIR DE QUOI, MOI, À BOIRE SEUL DANS UN ENDROIT PA... PAREIL ?! À COM... COMPLOTER ?!
HÉ... HÉ, MASAHIKO ?!
ET PUIS, LES CLAN... CLIENTS PEUVENT APPROCHER YUKARI, ET ALORS ?!
C'EST UN HOMME, NON ? VOUS VOULEZ QU'IL SE PASSE QUOI ?!
TU... TU ES IVRE, C'EST ÇA ?
UN HOMME, OUI !
LES CLIENTS SONT LES PLUS À PEIN... PLAINDRE !
!
KYAAH ! NON, ARRÊTEZ !
HA HA HA ! QUELS JOLIS PETITS CRIS !
HÉ... C'ÉTAIT LA VOIX DE YUKARI, NON ?!
LES LÈVRES DES NOUVELLES, C'EST TOUJOURS MOI QUI Y GOÛTE EN PREMIEEER. ♡
NOOON !

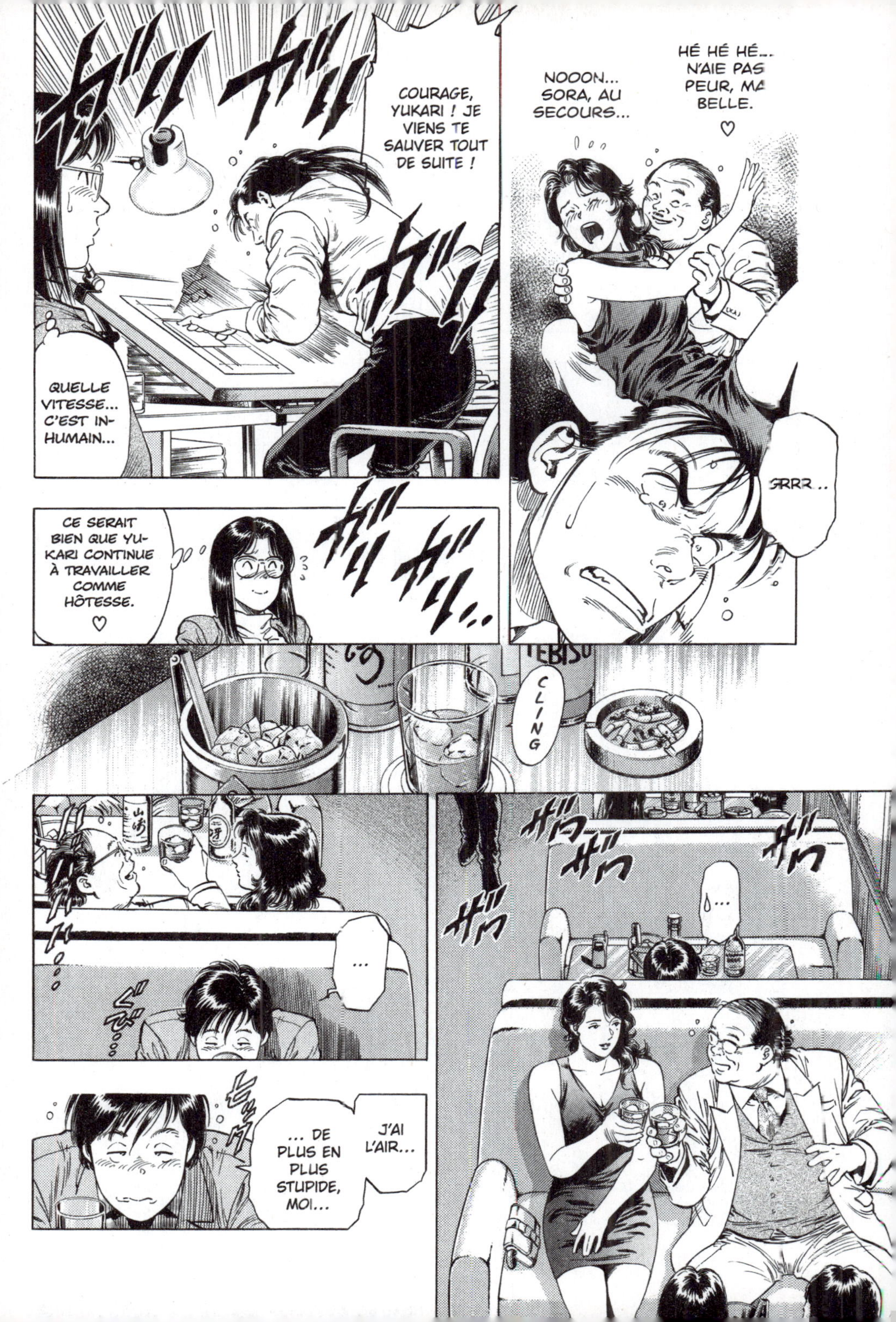
HÉ HÉ HÉ... N'AIE PAS PEUR, MA BELLE. ♡
NOOON... SORA, AU SECOURS...
COURAGE, YUKARI ! JE VIENS TE SAUVER TOUT DE SUITE !
QUELLE VITESSE... C'EST IN-HUMAIN...
GRRR...
CE SERAIT BIEN QUE YU-KARI CONTINUE À TRAVAILLER COMME HÔTESSE. ♡
CLING
...
...
J'AI L'AIR...
... DE PLUS EN PLUS STUPIDE, MOI...

HÉ, MASAHIKO ! RACONTE-MOI TOUT !
...
EH BIEN... ELLE EST BELLE...
HEIN ?
ALLEZ, DIS-MOI ! LES CLIENTS LA DRAGUENT ?! ELLE PLEURE ?!
AH, NON... TOUT VA BIEN, POUR L'INSTANT...
TOUS LES CLIENTS SEMBLENT CAPTIVÉS PAR YUKARI...
QU... QUOIII ?!
NE LA REGARDEZ PAAAS !
BANDE DE VIEUX COCHONS ! NE POSEZ PAS VOS REGARDS LUBRIQUES SUR MA YUKARI !
ÉCOUTE ! SI UN CLIENT L'ATTAQUE, PROTÈGE-LA AVEC TON CORPS S'IL LE FAUT ! JE TE RAPPELLE !
AVEC... MON CORPS ?
C'EST N'IMPORTE QUOI...
SORA ...
MERDE !
ET MERDE !

ATTENDEZ UN INSTANT... C'EST TRÈS GRAND, ET SOMBRE, ALORS...
VENIR COMPLOTER DANS UN ENDROIT PAREIL...
QU'EST-CE QUE JE SUIS FORCÉ DE FAIRE, MOI...!
LA NOUVELLE QUELLE BEAUTÉÉÉ... ♡
MH ?
JE LA DEMANDE DEPUIS TOUT À L'HEURE, MAIS ELLE NE VIENT PAS...
ELLE A DU SUCCÈS... TOUT LE MONDE SE L'ARRACHE !

キャバクラ
ねこまんま
飲み放題 5000円
ポッキリ!!
ザワ
ザワ
ザワ
BONSOIR, JEUNE HOMME !
NOUS AVONS UN NOUVEL HÔTE !
HA... HA HA...
QUI DÉSIREZ-VOUS RENCONTRER ?
AH... NON, PAS DE FILLE, MERCI ! JE VAIS BOIRE SEUL !
VRAIMENT ?
PFF...
PU LU LU LU...
ALLÔ... AH, SORA ?
ALORS, MASAHIKO ! COMMENT VA YUKARI ?!

TU VOIS UNE AUTRE SOLUTION, AVEC MAMAN QUI EST PARTIE ?
OUI ! TU POURRAIS M'AIDER, PAR EXEMPLE !
POUIC... POUIC !
IMPOSSIBLE... JE SUIS NULLE EN CUISINE...
TU ES HABITUÉ, TOI, ET CERTAINEMENT PLUS DOUÉ QUE MOI...
COURAGE ! ♡
PU LU LU LU
J'Y CROIS PAS...
T'ES SÛRE DE PAS ÊTRE UN HOMME ?!
HÉ, LE TÉLÉPHONE !
AH, JE PEUX PAS, LÀ ! RÉPONDS !
MAIS J'Y CROIS PAS !
OUI, ALLÔ ?!
OH, SORA...
SUR LA LIGNE INTERNE...
PARDON ?
QUOI...?
...

MAÎTRE…
…
AU TRAVAIL !
OU… OUI !
JE… JE PEUX TÉLÉPHONER AU CLUB, POUR DIRE À YUKARI DE RENTRER !
INUTILE…
ELLE NE REVIENT JAMAIS SUR SA PAROLE.
C'EST PAS VRAI…
POURQUOI C'EST À MOI DE FAIRE LA CUISINE ?

M-LE MORI, ENFIN ! YUKARI NE PEUT PAS...
VOUS MANQUEZ DÉJÀ DE MAINS, ET VOUS VOULEZ QU'ELLE PARTE ? VOUS PENSEZ FINIR À TEMPS, AINSI ?!
MAÎTRE, VOUS ÊTES BIEN UN PRO ? VOUS VOULEZ CRÉER UN VIDE DANS UNE PUBLICATION ?!
TERMINEZ LE MANUSCRIT, ET JE N'AURAI PLUS RIEN À DIRE !
...
MERDE !

TU AS ENVOYÉ YUKARI DANS UN ENDROIT PAREIL ?!
JE SUIS DÉSOLÉE ! SA BIENVEIL-LANCE M'A CONVAINCUE, ET...
YUKARI, UNE HÔTESSE DE CLUB ?!
ポロ…
RE... REJOINS-LA, HIROMI ! VA PRENDRE SA PLACE !
OUI !
MLLE MORI ?
POUR LE BIEN DU MAGAZINE, VOUS NE SORTIREZ D'ICI QU'UNE FOIS LE MANUSCRIT RENDU !

TU N'AVANCES PAS... TOUT VA BIEN ?
OUI... ÇA VA...
NOUS NE FINIRONS JAMAIS, À CE RYTHME !
DÉCIDÉMENT...
C'EST IMPOS-SIBLE !
GRIT GRIT
MAÎTRE SORA !
JE... JE TRAVAILLE DANS...
... UN... UN BAR À HÔTESSES.

*AU CHAT FRIPON

**CABARET - AU CHAT FRIPON - BOISSONS À VOLONTÉ - 5 000 YENS SEULEMENT !

UN SOURIRE, ET LE CLIENT EST CONQUIS…
UN SOURIRE, ET LE CLIENT EST CONQUIS !
LE CLIENT EST D'OR, MAIS AUSSI D'ARGENT…
LE CLIENT EST D'OR, MAIS AUSSI D'ARGENT !
CE SOIR ENCORE, ON VA TOUT DONNER !
POUR GAGNER UN MAX !
POUR GAGNER UN MAX !
CET ENDROIT SORT VRAIMENT DE L'ORDINAIRE…

C'EST TOI QUI AS LAISSÉ FILER LE TEMPS, AU POINT DE CRÉER DES PROBLÈMES À HIROMI. IL EST DONC NORMAL QUE J'ASSUME TA RESPONSABILITÉ DANS CETTE AFFAIRE.
ELLE A DÉJÀ PERDU PLUSIEURS EMPLOIS POUR ABSENCES RÉPÉTÉES.
AH, YUKARI...
D'AAACCORD, D'ACCORD... FAIS COMME TU VEUX.
J'Y VAIS, ALORS.
IL S'AGIT DE QUEL TRAVAIL, AU FAIT ?
C'EST UN RESTAURANT FAMILIAL OUVERT TARD LE SOIR.
EH BIEN...
COMPTE SUR MOI, HIROMI... ET BON COURAGE !
AH... NON, YUKARI... INUTILE...
ALLEZ HIROMI, AU TRAVAIL !
OU... OUI...

ALLEZ, DIS-MOI ...
CE COUP DE TÉLÉPHONE... TU AS DES PROBLÈMES ? NOUS POUVONS EN PARLER SI TU VEUX.
CE... CE N'EST RIEN.
VIRÉE ?
HEIN, TOI ? POURQUOI ?
VU LA SITUATION, JE PENSAIS ALLER TRAVAILLER À SA PLACE...
MMH... AINSI, HIROMI A UN MI-TEMPS...
OUI... SI HIROMI NE SE REND PAS À SON TRAVAIL CE SOIR, ELLE SERA RENVOYÉE.
LE MANUSCRIT AURAIT DÛ ÊTRE TERMINÉ HIER, NON ?

ELLE EST PARTIE AUX TOILETTES DEPUIS BIEN LONGTEMPS...
... QU'ELLE AIT PU S'ENFUIR...
JE N'OSE CROIRE...
AH... JE VAIS VOIR CE QU'IL EN EST !
S'IL VOUS PLAÎT !
JU... JUSTE CE SOIR !
SEULEMENT POUR CE SOIR, PATRON !
J'AI UNE AFFAIRE QUI NE PEUT ATTENDRE... JE SERAI PRÉSENTE DEMAIN, SANS FAUTE !
ALLÔ... ALLÔ ?!
TUUU...
はぁ〜...
...
WAAH !
QU'Y A-T-IL, HIROMI ?

F.COMPO

カリ カリ カリ
COMMENT ÇA SE PRÉSENTE, MAKO ?
C'EST SERRÉ. IL FAUT FINIR POUR DEMAIN MATIN, À 6 H.
C'EST LE DERNIER DÉLAI !
ALORS QU'IL RESTE 12 PAGES…
12 ?! PUISQU'IL NOUS RESTE 14 HEURES, CELA FAIT ENVIRON UNE PAGE PAR HEURE…
É… ÉVITEZ D'ÊTRE SI PRÉCISE… CELA ME GLACE LE SANG…
VOS MAINS NE BOUGENT PAS ?
MLLE MORI EST VRAIMENT UNE RESPONSABLE EFFRAYANTE !
ET SURTOUT INTRAITABLE !
IMPOSSIBLE D'USER DE NOS CHARMES, PUISQUE C'EST UNE FEMME…
PLUS VITE, HIROMI…

CE SOIR, L'AMBIANCE EST PLUTÔT LOURDE, CHEZ LES WAKANAE...
ズドーン
カリ カリ カリ カリ カリ カリ カリ カリ カリ
ズドドドーン
...
... À CAUSE DE CETTE FAMEUSE "DERNIÈRE LIGNE DROITE", BIEN CONNUE DES MANGAKAS...

7ᴱ JOUR
LAISSE-MOI T'AIDER

F.COMPO

PARLE-LUI, REIKO !
HÉ !
HÉ, RÉPONDS-MOI !
...
MERCI...
HEIN ?
? C'ÉTAIT QUI ?
?
Tuuu...

MERCI POUR AUJOURD'HUI, JE ME SUIS BIEN AMUSÉE !
MAIS DE RIEN ! FAIS ATTENTION À TOI !
OUI ! TU VOUDRAS BIEN SALUER SHION, AUSSI...?
À PROPOS... IL EST DÉJÀ RENTRÉ, SANS DOUTE...
PIT
PORTABLE ALLUMÉ !
PU LU LU !
OUI, ALL...
OÙ TRAÎNAIS-TU, ESPÈCE D'IDIOTE ?!
AVEC TON PORTABLE ÉTEINT, ALORS QUE J'ES-SAYAIS DE TE JOINDRE !
TU SAIS COMBIEN DE TEMPS J'AI ATTENDU ?! QUATRE HEURES !!
...
...
CET IMBÉ-CILE...
IL ÉTAIT EN TRAIN D'AT-TENDRE...

AH... MAIS... JE NE DI-SAIS PAS ÇA POUR...
...
PARDONNE-MOI.

JE SUIS... SI LENTE...
POURTANT...
...
POURTANT, JE SUIS HEUREUSE QUE SHION AIT UNE PERSONNE COMME TOI PRÈS DE LUI !
TRÈS HEUREUSE !
PARDON...
OH...

TU SAIS, POUR ÊTRE FRANCHE…
… J'AI COMPRIS QUI TU ES VRAIMENT !
OUILLE…
TU ES LA PETITE AMIE DE SHION, C'EST ÇA ?!
TU M'AS VUE REGARDER VERS LA FONTAINE, MAIS MOI AUSSI, JE T'AI REMARQUÉE.
TON PORTABLE SONNAIT DÈS QUE SHION TÉLÉPHONAIT…
AVEC CET IMBÉCILE QUI N'ARRÊTAIT PAS DE M'APPELER..
HI HI…
JE ME DOUTAIS BIEN QU'UN GARÇON COMME SHION TROUVERAIT…
… UNE PETITE AMIE…
JE M'EN DOUTAIS BIEN…

L'ÉMOTION DE LUI ÉCRIRE, D'AVOIR PU POSTER LA LETTRE... TOUT CELA ME SUFFISAIT... MAIS...
JE LUI AI ÉCRIT SUR UN COUP DE TÊTE À CAUSE DE CETTE EXCURSION À TOKYO, NE VOULANT PAS GÂCHER UNE SI BELLE OCCASION.
... JE CONNAISSAIS SON ADRESSE... MAIS J'ÉTAIS SÛRE QU'IL M'AVAIT OUBLIÉE...
APRÈS AVOIR CHANGÉ D'ÉCOLE... JE N'AI JAMAIS EU LE COURAGE DE LUI ÉCRIRE, ET POURTANT...
... SI HEUREUSE...
SI HEUREUSE... JUSTE HEUREUSE ...
...
... VRAIMENT... JE N'AURAIS JAMAIS PENSÉ QU'IL VIENDRAIT AU RENDEZ-VOUS. .
VRAIMENT, J'ÉTAIS... J'ÉTAIS...
...
TU... TU SAIS...

IL AVAIT DES MOTS TRÈS DURS, ET POURTANT...
POURQUOI ES-TU RESTÉE LÀ SANS BOUGER, LA BOUCHE OUVERTE ? TU AURAIS PU L'ÉVITER, CETTE BALLE !
IL A PRIS GRAND SOIN DE MOI, M'A RACCOMPAGNÉE JUSQU'À LA MAISON...
?
AH... NON, JE PENSAIS TOUT HAUT.
HEIN ?
AH...
AAH !
C'ÉTAIT TOI !
C'EST CE QUE J'AI AIMÉ DE PLUS EN PLUS CHEZ SHION...
POURTANT... TU LUI RESSEMBLES, EN ÉTANT BRUSQUE ET GENTILLE À LA FOIS...
...
NE... NE NOUS COMPARE PAS ! JE SUIS UNE FILLE, MOI !
PARDON, CE N'EST PAS CE QUE JE VOULAIS DIRE...
QUAND JE SUIS TOMBÉE, TOUT À L'HEURE... TU M'AS AIDÉ COMME L'AVAIT FAIT SHION... J'AI ÉTÉ TRÈS SURPRISE.

JE NE SAIS PAS...
JE NE POUVAIS PAS DÉTOURNER LES YEUX DE LUI, IL SE MONTRAIT SI PLEIN DE VIE...
JE DEVAIS ÊTRE CAPTIVÉE, VOILÀ TOUT...
POUSSE-TOI, IDIOTE !
QUELLE PATAUDE, JE TE JURE !

POURTANT... ON NE SE CONNAÎT PAS DU TOUT...
...
TU L'AS DIT. JE N'ARRIVE TOUJOURS PAS À ME RAPPELER...
POURTANT...
POURTANT ?
REIKO ET TOUS SES "POURTANT"...
...
UNE FOIS, UNE FOIS SEULEMENT...
... J'AI PU VOIR SHION DE PRÈS.
ATTRAPÉE ! BATTEUR ÉLIMINÉ !
BIEN JOUÉ, SHION !
...
PLUS QU'UN MAINTENANT !

DIS... POURQUOI ES-TU SORTIE AVEC MOI ?
POUR RIEN, EN FAIT... J'AVAIS JUSTE DU TEMPS, COMME TOI. ET J'AIME ME MÊLER DES AFFAIRES DES AUTRES !
POURTANT...
NE TE POSE PAS TANT DE QUESTIONS... AMUSONS-NOUS !
ARREEEETE...
PRENONS CELUI-LÀ !
C'EST... C'EST VRAI ?
OOH... C'EST TON PREMIER AMOUR, REIKO...
OUI...

NE SOIS PAS SI TIMIDE. TU ES JOLIE, ALORS FAIS ATTENTION À BIEN SOURIRE !
MAIS...
BOOON ! JE VAIS TE FAIRE PASSER UN APRÈS-MIDI INOUBLIABLE !
PU LU LU LU
PÉNIBLE, CE PORTABLE ! JUSTE QUAND JE VAIS ENFIN M'AMUSER !
PIT
PORTABLE COUPÉ !
ELLE... ELLE A ÉTEINT SON PORTAAABLE !
ELLE SE FICHE DE MOI ! QU'ELLE SE DÉBROUILLE SEULE !
JE RENTRE !
HA HA HA !
KYAAAH...
KYAAAH !

ON POURRAIT SORTIR EN-SEMBLE, SI TU AS LE TEMPS.
TIENS.
ME... MERCI BEAU-COUP.
CE GLACIER N'EST PAS CONNU, MAIS IL EST SUPER BON !
C'EST VRAI... C'EST DÉLI-CIEUX !
TU SOURIS, ENFIN...
OUI...

OUI ? TU VEUX QUELQUE CHOSE ?
EUH...
IL...
IL AVAIT QUEL VISAGE... IL RESSEMBLAIT À QUOI ?
TU L'AS OBSERVÉ TOUT CE TEMPS ET TU N'AS PAS VU SON VISAGE ?!
NON ...
LA TÊTE ME TOURNE...
...
BAH... IL SEMBLAIT ORDINAIRE, ET PEU DIGNE DE CONFIANCE...
AH, C'EST VRAI...
MERCI ENCORE.
AU REVOIR ...
OUI...
...
ATTENDS !

ET S TU ALLAIS VITE LE REJOINDRE ?
TU ES SÛRE ?
SÛRE, OUI...
VRAIMENT SÛRE ?
JE...
JE SUIS SÛRE, OUI.
BON... TRÈS BIEN. DE TOUTE FAÇON, ÇA NE ME CONCERNE PAS.
...
?!
...

PFF... BELLE ÉCORCHURE...
OH...
CESSE DE BOUGER, VOYONS !
EN PLUS, TU ES TOMBÉE COMME UNE ENFANT...
...
ÇA FERA L'AFFAIRE...
ME... MERCI BEAUCOUP...
CE N'EST RIEN...
BON... TU AS BIEN RENDEZ-VOUS AVEC CE GARÇON, N'EST-CE PAS ?
...

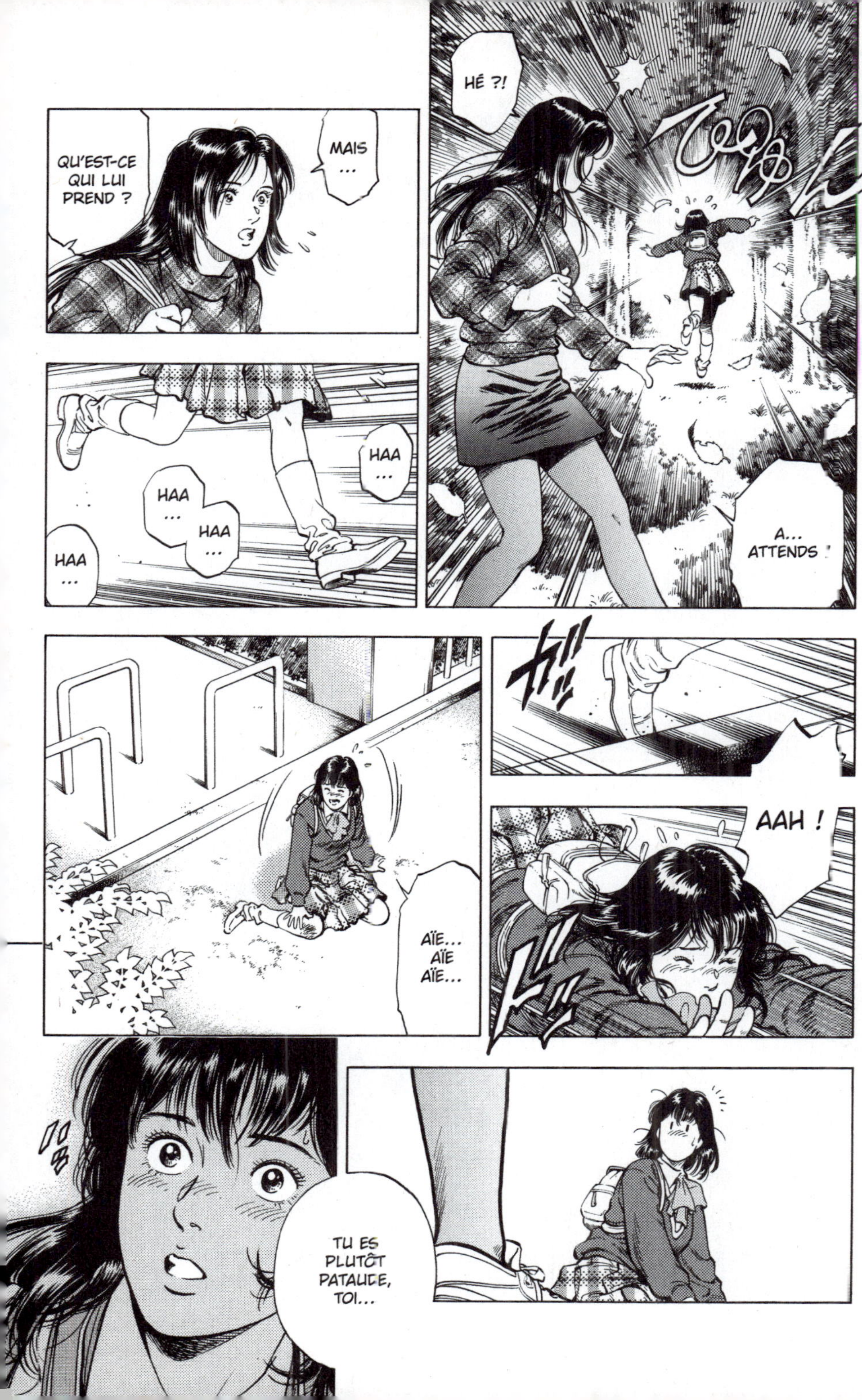

HÉ ?!
A... ATTENDS !
MAIS ...
QU'EST-CE QUI LUI PREND ?
HAA ...
HAA ...
HAA ...
HAA ...
AAH !
AÏE... AÏE AÏE...
TU ES PLUTÔT PATAUDE, TOI...

QUE FAIS-TU ICI, DEPUIS TOUT À L'HEURE ?
TIENS ? SON VISAGE NE M'EST PAS INCONNU...
TU REGARDES SANS CESSE VERS LA FONTAINE... AAH, CE GARÇON ?!
IL S'AGIT D'UN RENDEZ-VOUS, PEUT-ÊTRE ?
IL NE VA PAS TE VOIR SI TU RESTES ICI. VEUX-TU QUE JE L'APPELLE ?
N... NON...
AH...
SU... SURTOUT PAS, JE...
OOH...

CETTE FILLE...
DEPUIS 15 H, JE LA VOIS S'AGITER LÀ-BAS...
...
...
DIS !
...
BODOM BODOM

NON MAIS, ÉCOUTE-TOI ! TOUT VIENT JUSTEMENT DU FAIT QUE TU N'ES NI UNE FILLE NI UN GARÇON !
SI TU REFUSAIS, ON POURRAIT APPRENDRE QUE TU AS VOULU M'ESPIONNER DANS MON BAIN !
TU... TU LE SAVAIS ?
C'EST ENTENDU, DONC. ♡
OUI... HI HI HI...
J'EN AI MARRE !
J'AI L'AIR DE QUOI, À ATTENDRE AVEC CE TRUC À LA BOUTONNIÈRE...?
UNE FLEUR POUR SE RECONNAÎTRE. ♡
AH LÀ LÀ...
くすっ

ハッ
C'EST POUR ÇA QUE TU ME DEMANDES D'Y ALLER À TA PLACE ?!
OH... TU AS COMPRIS TOUT DE SUITE, BRAVOOO...
DÉJÀ, JE SUIS ÉTUDIANT. JE NE RESSEMBLE PAS À UN LYCÉEN...
EN SEPT ANS, LES GENS ONT LE TEMPS DE CHANGER.
ET PUIS... ELLE VERRA TOUT DE SUITE LA SUPERCHERIE !
CE RÔLE EST UN PEU LOURD À PORTER POUR TOI, MAIS JE N'AI PAS LE CHOIX.
J'UTILISE "UN PEU" POUR RESTER COURTOISE.
MAIS SI ! AVEC TON VISAGE POUPIN, C'EST SURTOUT À UN ÉTUDIANT QUE TU NE RESSEMBLES PAS !
TU ES TOUT À FAIT DÉNUÉ DU CHARME D'UN ADULTE...
...
JE... REFUSE...
SINCÈREMENT, TU DEVRAIS LA VOIR ET TOUT LUI RACONTER. IL NE FAUT PAS LA TROMPER, LA MALHEUREUSE.
HAAA... TU NE COMPRENDS VRAIMENT RIEN AUX FEMMES.
LE PREMIER AMOUR EST UN SOUVENIR PRÉCIEUX POUR LES FILLES. ELLES SONT SURTOUT MALHEUREUSES DE LE VOIR BRISÉ !

À VRAI DIRE... JE NE M'EN SOUVIENS PAS DU TOUT...
DIS... DIS DONC...
ELLE DIT AVOIR FRÉQUENTÉ MON ÉCOLE PRIMAIRE PENDANT UN AN SEULEMENT.
NOUS ÉTIONS DANS DES CLASSES DIFFÉRENTES, MAIS ELLE M'A CONNUE À CE MOMENT-LÀ...
ELLE SOUHAITE PROFITER D'UNE EXCURSION À TOKYO, LA SEMAINE PROCHAINE, POUR ME RENCONTRER.
TE RENCONTRER ? ALORS QUE VOUS N'ÊTES MÊME PAS AMIES ?
ELLE PRÉCISE QUE JE SUIS SON PREMIER AMOUR...
... ET QU'ELLE A CHANGÉ D'ÉCOLE SANS AVOIR PU ME DÉVOILER SES SENTIMENTS... QU'ELLE ÉPROUVE ENCORE AUJOURD'HUI.
A... ALORS CE COUP-CI, C'EST...
... DU LESBIANISME ?!
!
NON, CETTE HISTOIRE DATE DU CE2... J'ÉTAIS UN GARÇON, À L'ÉPOQUE.
AH...

*M. WAKANAE SHION, ZOSHIGAYA 4-24-15, ARR. DE TOSHIMA, TOKYO 171

**CHEF-LIEU D'HOKKAIDO, LA GRANDE ÎLE DU NORD DU JAPON (NDT).
***REIKO SATO, 17-3 CLARK HEIGHTS 803, ARR. DE KITA 32, SAPPORO 001

LES FILLES ONT BESOIN DE TEMPS POUR SE PRÉPARER ! UNE DEMI-HEURE DE RETARD, CE N'EST RIEN !
MAIS... ELLE DEVRAIT ÊTRE LÀ DEPUIS UNE DEMI-HEURE... ELLE NE VIENDRA PLUS...
ARRÊTE DE ME TÉLÉPHONER TOUTES LES 10 MINUTES !
ET PUIS ...
... JE N'AI PAS ENVIE DE LA VOIR, MOI...
TU SAIS BIEN POURQUOI C'EST IMPOSSIBLE. TOI SEUL PEUX M'AIDER.
C'EST À TOI DE LA RENCONTRER, ET DE LUI DIRE LA VÉRITÉ.
D'AILLEURS, JE SUIS SÛRE QUE TU AS PEUR PARCE QUE C'EST TON PREMIER RENDEZ-VOUS ! TU PEUX BIEN ATTENDRE UNE HEURE SI TU ES UN HOMME !
OH... ALLÔ, ALLÔ ?
...
TIENS BON... D'ACCORD ?
MON PETIT SHION WAKANAE !

TIC TIC TIC...
ELLE EST EN RETARD ...
AUJOURD'HUI, J'AI... COMMENT DIRE... RENDEZ-VOUS...
...
... AVEC UNE FILLE DONT MÊME LE VISAGE M'EST INCONNU...
TU LU LU LU...
...
TU LU LU LU...
PAT !
PIT !
POT !

F.COMPO
6E JOUR
À DISTANCE D'UN
PREMIER AMOUR
TSUKASA '96.OCT

F.COMPO

MH... JOLIE BALLE...
TIEEENS !
SHH ...
...
CETTE FAMILLE EST... IM-POSSIBLE À COM-PRENDRE...

ÇA FAIT TELLEMENT LONGTEMPS, PAPA !
UNE PETITE PARTIE ?
MAIS PEUT-ÊTRE...
... NE VEUX-TU PAS JOUER AVEC TA FILLE ?
A...
ALLEZ, VIENS !

SORA JOUE, TOUT SEUL...
QU'AIME-RAIT-IL, LUI...
... QUE SHION SOIT UNE FILLE, OU UN GARÇON ?
SO...
SORA...
...

AU FINAL...
... PFF...
SHION PRÉTEND ÊTRE UNE FEMME... POUR L'INSTANT...
QUANT À MOI, J'AIMERAIS BIEN ÊTRE SÛR, MAIS... LA VÉRITÉ COMMENCE À ME FAIRE PEUR, ET PUIS, À QUOI BON SAVOIR...?
JE NE SUIS PAS PLUS AVAN-CÉÉÉ !!

... CONCRÈ-TEMENT... TU ES UNE FEMME, OU UN HOMME ?
JE RES-SEMBLE À UN HOMME, PEUT-ÊTRE ?
JE SUIS UNE FEMME !
POUR L'INSTANT. ♡
VOILÀ TOUT CE QUE JE PEUX DIRE... DE QUOI DEMAIN SERA FAIT...? MYSTÈRE. ♡

?
?
?
POUR RÉSUMER…
… QUAND J'ÉTAIS PETITE, JE CROYAIS, SANS DOUTE À CAUSE DE MES PARENTS, QU'IL ÉTAIT POSSIBLE DE CHANGER DE SEXE À VOLONTÉ.
DEVENIR UN GARÇON QUAND ON SOUHAITE ÊTRE UN GARÇON, OU UNE FILLE QUAND ON VEUT ÊTRE UNE FILLE…
…
ALBUM
MAIS DÈS LE LYCÉE, PASSER D'UN SEXE À L'AUTRE EST DEVENU PÉNIBLE…
ET PUIS, JE TROUVE PLUS FACILE D'ÊTRE UNE FILLE, DANS CE MONDE… POUR L'INSTANT, JE RESTE DONC UNE FEMME.
AI-JE PU DISSIPER TES DOUTES ?
OUI…
TU DIS RESTER UNE FEMME, POUR L'INSTANT, MAIS…

*RITE DE PASSAGE TRADITIONNEL CONCERNANT TOUS LES ENFANTS DE 3 ANS, LES GARÇONS DE 5 ANS ET LES FILLES DE 7 ANS (NDT).

*ÉCOLE PRIMAIRE TOSHIMA

C'EST TOI QUI T'ES INTRODUIT DANS MA CHAMBRE, CET APRÈS-MIDI !
!
TU VEUX SAVOIR SI JE SUIS UNE FILLE OU UN GARÇON, HEIN ?
NON... UNE SI MAUVAISE INTENTION... JAMAIS...
TU AURAIS PU TE CONDUIRE EN HOMME ET ME DEMANDER, AU LIEU DE FOUILLER DANS MES AFFAIRES !
TU VEUX SAVOIR ? EH BIEN REGARDE !
!
GH...

UN GARÇON !
C'EST SHION, CE GARÇON ?!
... C'EST UN HOMME...
BAH VOILÀ...
JE VOIS, C'ÉTAIT DONC ÇA !

ATTENDS !
PUISQUE SHION EST DANS SON BAIN...
... J'AI LE TEMPS D'ALLER RE-GARDER SON ALBUM !
ALBU
HAA ...
HAA ...
HAA ...
LA VÉRITÉ EST À L'IN-TÉRIEUR..
BUM
ALBUM

IL FAIT TOUT POUR SE CONVAINCRE.

↑ IL SE DÉGOÛTE, SANS DOUTE...

LE BAIN !
♪
FSHH ...
...
ÇA, C'EST DU VOYEURISME, POUR DE BON...

ET CETTE DISPUTE AVEC SORA, À PROPOS DES SERVIETTES HYGIÉNIQUES !
POURQUOI UTILISERAIT-ELLE DES SERVIETTES, SI ELLE ÉTAIT UN HOMME ?
SHION EST UNE FEMME, C'EST ÉVIDENT !
QUEL IDIOT J'AI ÉTÉ, DE DOUTER D'ELLE AINSI !
NON, ATTENDS... LA POITRINE PEUT VENIR D'UNE OPÉRATION CHIRURGICALE, OU DE LA PRISE D'HORMONES FÉMININES...
QUANT AUX SERVIETTES HYGIÉNIQUES, SHION PEUT LES UTILISER POUR PARFAIRE SON RÔLE DE FEMME...
CES... CES CHANGEMENTS RÉPÉTÉS D'EXPRESSION...
LE CHOC DE TOUT À L'HEURE ?
C'EST SANS ESPOIR... PLUS JE RÉFLÉCHIS, ET MOINS JE COMPRENDS...
IL EST MALADE, C'EST SÛR.
J'AI TERMINÉ !
BOY
AH, SHION ! LE BAIN EST CHAUD, N'HÉSITE PAS À Y ALLER !
TRÈS BIEN, MERCI !
...
LE BAIN...

TU SEMBLES SI FATIGUÉ... SERAIS-TU MALADE ?
NON... ÇA VA...
BON, TANT MIEUX.
...
AAH... FILLE OU GARÇON, MYSTÈRE...
IMPOSSIBLE DE LEUR POSER UNE QUESTION SI DÉPLACÉE...
C'EST PARCE QUE TU L'AS FORCÉ À JOUER À LA BALLE AVEC TOI ?
OÙ... OÙ EST LE RAPPORT ?!
MAIS...
LA POITRINE, BIEN SÛR ! CELLE DE SHION EST PLUTÔT DÉVELOPPÉE... UN OKAMA N'EN AURAIT PAS !
PARDON, JE PRENDS LA SAUCE SOJA !
OUAH !
BOY

JE PENSAIS L'AVOIR FERMÉE, CETTE FENÊTRE...
CE GANT ...?
!
... JE DESCENDS COMMENT, MOI ?
...
PARDON ...?
POURQUOI AS-TU DE TELS CERNES, MASAHIKO ?!

MAIS, REGARDER DANS SES AFFAIRES PERSON-NELLES... C'EST DU VOYEURISME, RIEN DE PLUS...
VLAM
DES PAS... SHION ?!

C'EST SÛR... QUAND ON VOIT SES PARENTS...
SHION A TRÈS BIEN PU ÊTRE INFLUENCÉE... ET SE TRAVESTIR !
SHION, UN HOMME... C'EST ABSOLUMENT IMPENSABLE...
JE N'AI ENCORE AUCUNE PREUVE, MAIS... MAIS...
よろ
AAH... JE SUIS PERDU...
ALBUM
L'ALBUM DE PHOTOS DE SHION !
ALBUM
VOILÀ... JE N'AI QU'À LE REGARDER !
JE VERRAI À QUOI RESSEMBLAIT SHION DANS SON ENFANCE !

CETTE SITUATION ME RAPPELLE DE VIEUX SOUVENIRS DE L'ÉPOQUE OÙ JE JOUAIS AINSI À LA BALLE, AVEC MON FILS…
MÊME SHION POUVAIT LES RATTRAPER, CES BALLES !
…
NON, CE N'EST PAS POSSIBLE… POURTANT, TOUT PORTE À CROIRE…
TOUT PORTE À CROIRE QUE C'EST LA VÉRITÉ…
SHION SERAIT…
… UN HOMME…

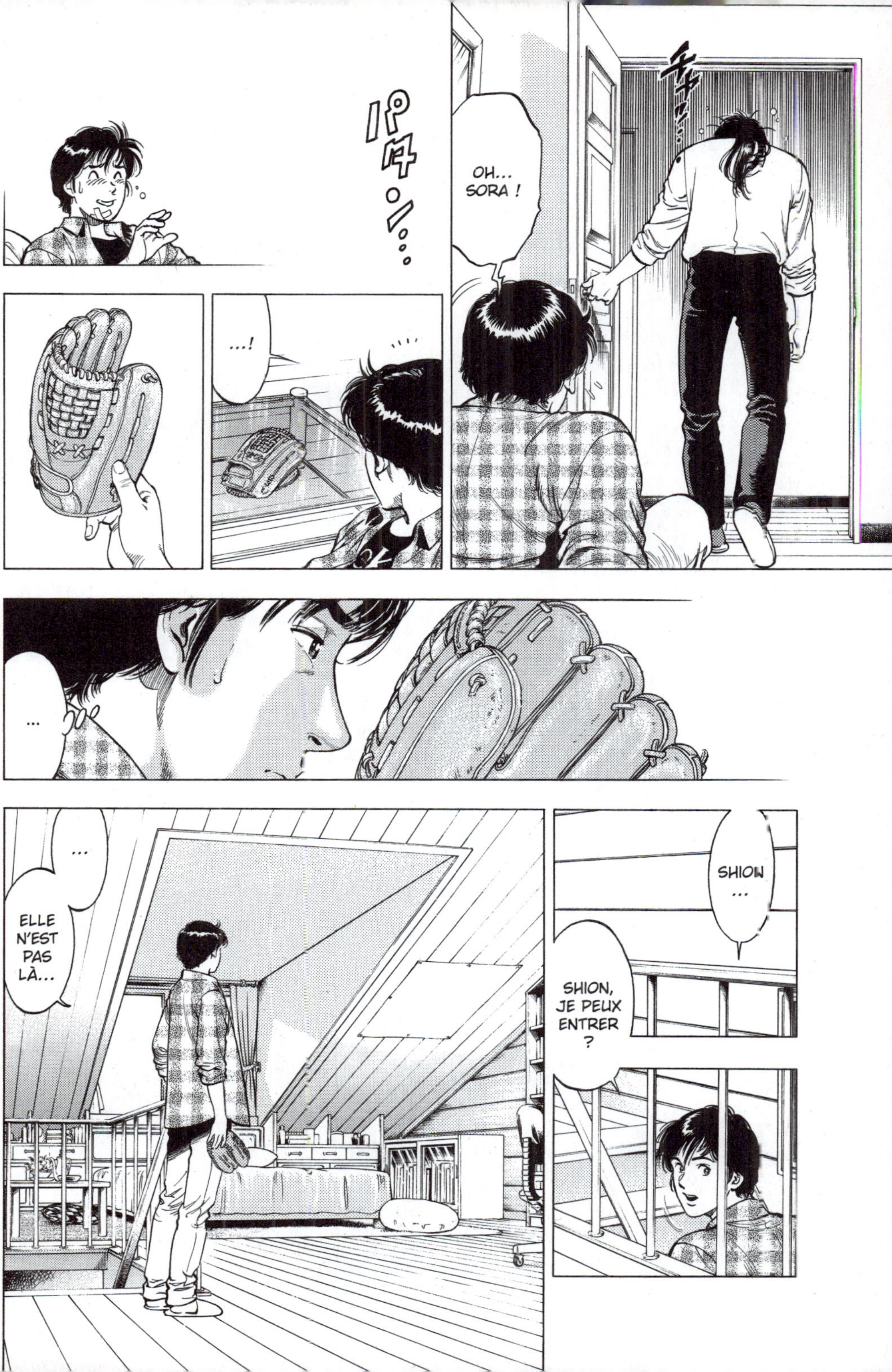
OH... SORA !
...!
...
SHION ...
SHION, JE PEUX ENTRER ?
...
ELLE N'EST PAS LÀ...

TU N'ES PAS BLESSÉ, MASAHIKO ?
NON… AÏE !
RESTE ALLONGÉ, REPOSE-TOI ENCORE.
DÉSOLÉ, MASAHIKO ! JE LANCERAI LES PROCHAINES MOINS FORT !
PAS QUESTION ! DÉSORMAIS, JOUER À LA BALLE AVEC MASAHIKO EST INTERDIT !
JUSTE À CAUSE DE ÇA ?!
ET QU'AURAIS-TU FAIT, S'IL AVAIT PERDU UN ŒIL ?!
INTERDICTION FORMELLE, C'EST COMPRIS ?!
YUKARI… ENFIN…

MASAHIKO !
...
MA... MASAHIKO, TU VAS BIEN ?!
CET IDIOT...
TU NE SAIS VRAIMENT PAS DOSER TA FORCE, CHÉRI !
MAIS NON, ENFIN...
ET PUIS, MÊME SHION POUVAIT LES RATTRAPER, CES BALLES !
OU... OUGH ...
QUOI... SHION...?
AH... TU ES REVENU À TOI, MASA-HIKO ?

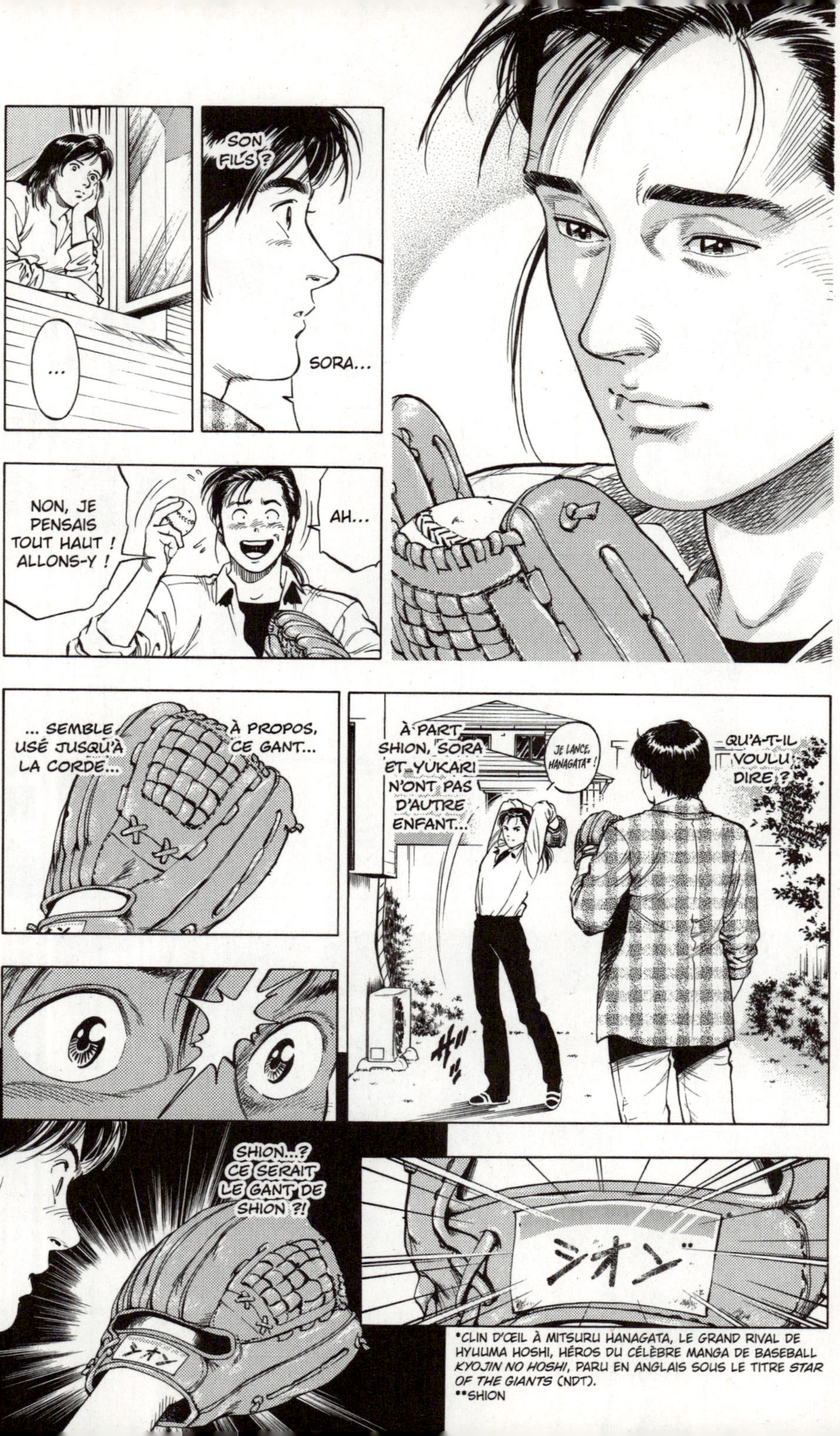

*CLIN D'ŒIL À MITSURU HANAGATA, LE GRAND RIVAL DE HYUUMA HOSHI, HÉROS DU CÉLÈBRE MANGA DE BASEBALL *KYOJIN NO HOSHI*, PARU EN ANGLAIS SOUS LE TITRE *STAR OF THE GIANTS* (NDT).
**SHION

C'EST PARTI, MASAHIKO !
VOUS ÊTES PLEIN D'ÉNERGIE, SORA !
BIEN SÛR ! TU COMPRENDRAS, QUAND TU AURAS UN FILS ! JOUER À LA BALLE PERMET DE COMMUNIQUER, VOIS-TU !
PAM PAM
MAIS... CES GANTS ?!
ALORS ÇA... PAPA LES A DONC CONSERVÉS...
SEULS DEUX HOMMES PEUVENT DONNER NAISSANCE À CET ÉCHANGE SPIRITUEL, QUI N'A NUL BESOIN DU LANGAGE POUR EXISTER !
JE VOIS...
DEUX HOMMES, HEIN ?
SON DISCOURS N'A PAS CHANGÉ...
CETTE SITUATION ME RAPPELLE DE VIEUX SOUVENIRS...
... DE L'ÉPOQUE OÙ JE JOUAIS AINSI À LA BALLE, AVEC MON FILS...
?

SORA, VOIS-TU... A TOUJOURS DÉSIRÉ AVOIR UN FILS.
SON PLUS GRAND RÊVE ÉTAIT DE JOUER À LA BALLE AVEC CET ENFANT.
QUAND SHION ÉTAIT EN ROUTE, DÉJÀ... IL ÉTAIT PERSUADÉ QUE CE SERAIT UN GARÇON, ALORS IL A ACHETÉ CE GANT AVANT L'ACCOUCHEMENT.
OOH...
DITES... IL A DÛ ÊTRE PLUTÔT DÉÇU, SORA...
... APRÈS LA NAISSANCE, QUAND IL A VU QUE SHION ÉTAIT UNE FILLE, ET QUE SON GANT NE SERVIRAIT PAS...
OU... OUI...
QUAND IL A TROUVÉ LES GANTS AU GRENIER, HIER SOIR... IL A FAIT TOUT UN FOIN POUR JOUER AVEC TOI, ALORS QU'IL FAISAIT DÉJÀ NUIT !
J'AI EU TOUTES LES PEINES DU MONDE À LE CONVAINCRE D'ATTENDRE CE MATIN... S'IL TE PLAÎT, ACCEPTE DE JOUER AVEC LUI !
TRÈS BIEN... SI CELA PEUT VOUS FAIRE PLAISIR...
C'EST...
C'EST VRAI...
...?
FWAAAH ...
BIEN DORMI, MOI... ♡

QUE DIRAIS-TU D'ÉCHANGER QUELQUES BALLES, MASAHIKO ?!
C'ÉTAIT UN CALME DIMANCHE MATIN...
HEIN...?
UN PEU D'EXERCICE APRÈS LE PETIT-DÉJEUNER ! ALLEZ, VIENS !
POF
D'ACCORD...
JE NE M'ATTENDAIS PAS À VOIR SORA DÉBARQUER AVEC DEUX GANTS QUI SENTAIENT LE MOISI...
QUE LUI ARRIVE-T-IL, À SORA ?
HI HI...

5E JOUR
JEU DE BALLE, ÉCHANGE DE SOUVENIRS

DES PARENTS, VRAIMENT ?! ILS SONT SI JEUNES ! ET ELLE, QUELLE BEAUTÉ !
...
LE PÈRE AUSSI EST RAFFINÉ ! C'EST MON TYPE D'HOMME. ♡
ILS SONT GÉNIAUX, TOUS LES DEUX !
ÇA FAIT ENVIE, HEIN... D'AVOIR DES PARENTS COMME EUX !
C'EST... C'EST SÛR !
...
C'EST SURTOUT...
... TRÈS COMPLIQUÉ...
HA... HA HA...
ALORS, VOUS N'AVEZ JAMAIS VU UN OKAMA ?! BANDE D'IMBÉCILES !
HIII...
HÉ, CE NE SONT PAS CES TROIS-LÀ !

*95e RENTRÉE UNIVERSITAIRE

YUKARI, SORA...
JE SUIS DÉSOLÉ...
...
JE N'AI JAMAIS SOUHAITÉ VOUS PLACER DANS UNE SITUATION PAREILLE...
JE...
JE...
ALLONS, NE SOIS PAS SI NÉGATIF ! LE RÔLE DES PARENTS EST DE TOUT FAIRE, MÊME L'IMPOSSIBLE, POUR EXAUCER LES DÉSIRS DE LEURS ENFANTS !
TOUT À FAIT ! PAR CONTRE, PENSE À EXAUCER NOS CAPRICES, DE TEMPS EN TEMPS. ♡

UN SAUVETAGE ? C'ÉTAIT TOI, À L'INSTANT ?
COMMENT AS-TU FAIT... QUI POURSUIVENT-ILS, EN CE MOMENT ?
J'AI APPELÉ DES ALLIÉES DE POIDS !
SHION !
POURQUOI SHION NOUS A-T-ELLE FOURRÉES DANS UN GUÊPIER PAREIL ?!
UN INSTANNNT !
QUE... QUE VEULENT-ILS, CEUX-LÀ ?!
JUSTE UNE PHOTO ...!
...
OOH... MERCI, TU NOUS SAUVES !
JE M'ATTENDAIS À CE GENRE DE SITUATION, À VRAI DIRE...
PAPA, MAMAN, VOILÀ DE QUOI VOUS CHANGER. ENLEVEZ VITE CES ACCOUTREMENTS !

AAH... MA VIE FUT...
... SI COURTE... SI ÉPHÉMÈRE...
...
...?
TIENS ?
ILS EN METTENT, DU TEMPS !
VOUS VOUS TROMPEZ ! ILS SONT PARTIS PAR LÀ !
AH... D'ACCORD ! MERCI, JEUNE FILLE ! EN AVANT TOUT LE MOOONDE !
?
UN SAUVETAGE SUR LE FIL, N'EST-CE PAS ?

UN CUL-DE-SAC…
RIEN À FAIRE …
LES FENÊTRES SONT VERROUILLÉES !
ILS VONT NOUS RATTRAPER !
…
…!
ILS ONT TOURNÉ AU COIN !
C'EST UN CUL-DE-SAC, PAR LÀ ! ILS SONT FAITS !
…

PAR ICI, VITE, VITE !
NE LES PERDEZ PAS DE VUE !
どどどどど
ATTENDEZ NOUUUUS !
UNE PETITE PHOTO, S'IL VOUS PLAÎÎÎT !
NE ME FAITES PAS RIRE ! VOTRE PHOTO…
… VA RUINER MA VIE !
AÏE AÏE ! J'AI DU MAL À COURIR AVEC CES CHAUSSURES…
EH BIEN, ENLEVEZ-LES !
JE N'EN TROUVAIS PAS À MA TAILLE, ALORS J'AI FORCÉ POUR ENFILER CELLES-CI… MAINTENANT, IMPOSSIBLE DE LES RETIRER !
VOUS ÊTES VRAIMENT UNE FEMME ?!
HAA…
HAA…
HAA…
!

祝
御入学
武蔵
!
NOUS N'AVONS AUCUN AUTRE MOYEN DE SORTIR D'ICI ?
MASAHIKO ?
IM... IMPOSSIBLE DE FUIR ! L'ENTRÉE PRINCIPALE EST SURVEILLÉE !
LES ENTRÉES SECONDAIRES DOIVENT ÊTRE GARDÉES, ELLES AUSSI...
JE N'EN SAIS RIEN, MOI...
HÉ, PAR ICI ! JE LES AI TROUVÉS !
MA... MALHEUR !

*LA GAZETTE DE MUSASHINO **BULLETIN SPÉCIAL ! ***LES PARENTS D'UN NOUVEL ÉTUDIANT SE TRAVESTISSENT !

CACHEZ-VOUS, VITE !
LES PARENTS D'UN NOUVEL ÉTUDIANT SONT UN OKAMA ET UNE ONABE ! LE CLUB DE JOURNALISME NE PEUT PAS RATER UN SCOOP PAREIL !
EH BIEN... ILS NE SONT PAS LÀ !
...
BON, SÉPARONS-NOUS POUR LES CHERCHER ! ILS DOIVENT ENCORE ÊTRE SUR LE CAMPUS !
CE SERA EN PREMIÈRE PAGE DE L'ÉDITION DE DEMAIN !
ON VA DÉCUPLER NOS VENTES !
TU ESPÈRES QUE ÇA SE VENDRA ?
QUE TOUT LE MONDE S'Y METTE ! DEMANDEZ AUSSI L'AIDE DU CLUB PHOTO !
...
NOTRE PHOTO...
... EN PREMIÈRE PAGE...
SLIP

POURQUOI ÊTES-VOUS VENUS HABILLÉS AINSI ?!
きょとん…
MAIS ENFIN, NOUS AVONS SUIVI TA CONSIGNE !
VOUS NE POUVIEZ PAS FAIRE PLUS FÉMININ, ET PLUS MASCULIN ?!
C'EST IMPOSSIBLE, MASAHIKO !
QUOIQUE NOUS FASSIONS, SORA RESSEMBLE À UN HOMME…
ET YUKARI, À UNE FEMME ! NOUS AVONS ESSAYÉ, POURTANT !
LE SEUL MOYEN, C'EST DE SE METTRE NUS.
NUS, OUI.
J'AURAIS MIEUX FAIT DE ME TAIRE…
HA HA HA HA …
RÉPONSE CLAIRE ET NETTE…
ILS SONT PARTIS PAR LÀ ?
OUI, ILS SONT ALLÉS DANS CETTE DIRECTION !

OÙ VAS-TU, MASAHIKO ?!
HIII !
ATTENDS ! POURQUOI T'ENFUIS-TU ?
NE ME SUIVEZ PAS, PAR PITIÉ !
QUE SE PASSE-T-IL ?
ザワ ザワ…
ÇA VA, MONSIEUR LE PRÉSIDENT ?
JE... J'AI CRU ME FAIRE VIOLER...
ドキ ドキ ドキ…

QUE FAITES-VOUS, JEUNE HOMME ? LA CÉRÉMONIE VA DÉBUTER !
AH... NON... JE VEUX JUSTE... LES TOILETTES...
MH...?
OOOH ! TU ES LÀ, MASAHIKO !
OH ! C'EST LUI ?!
C'EST LUI, LEUR FILS ?!
IL RESSEMBLE À QUOI ? C'EST UN OKAMA, LUI AUSSI ?
OH... JEUNE HOMME ?!

TIP...
GWAH !
NOON ! ILS ME CHERCHENT !
C'EST LA FIN, S'ILS ME TROUVENT !
TIENS ? IL EST PASSÉ OÙ, LUI ?
LA SORTIE ! FAITES QU'ILS NE ME VOIENT PAAAS...!

MAIS C'EST QUOI LEUR PROBLÈME, À TOUS LES DEUX ?!
C'EST AVEC LEURS "BONS" VÊTEMENTS QU'ILS RESSEMBLENT LE PLUS À UN OKAMA ET UNE ONABE !
↑ AVEC SA TAILLE DÉJÀ GRANDE ET LES HAUTS TALONS, ELLE ATTEINT 1 M 90 !
EN FAIT... ILS AURAIENT MIEUX FAIT DE VENIR HABILLÉS COMME D'HABITUDE...
HA ...
HA HA... HA...
ÇA SECOUE, HEIN !
À PROPOS, ILS DOIVENT AVOIR UN ENFANT, ICI ! QUI ÇA PEUT BIEN ÊTRE ?
HA HA...!
TOUT... TOUT VA BIEN. CALME-TOI !
BODOM BODOM BODOM
ÇA VA ? TU ES TOUT PÂLE...
PERSONNE NE FERA LE LIEN SI JE FEINS DE NE PAS LES CONNAÎTRE.

くらあ・・・

HÉ... CE N'EST PAS UN OKAMA, LÀ-BAS ?
ET UNE ONABE !
C'EST UN COUPLE !
OUAAH ! C'EST LA PREMIÈRE FOIS QUE J'EN VOIS !
...
ILS...
ILS PARLENT DE YUKARI ET SORA ?!
J'EN ÉTAIS SÛR... CES DEUX-LÀ...
... SONT VENUS HABILLÉS COMME D'HABITUDE.
HÉ, TU NE REGARDES PAS ? ÇA VAUT LE COUP D'ŒIL !
AH... OUI...
ILS M'AVAIENT POURTANT PROMIS...

...
ILS NE SONT TOUJOURS PAS LÀ...
ILS NE VIENDRONT PAS, C'EST SÛR
CES DEUX INDÉCROTTABLES ...
COMMENT POURRAIENT-ILS S'HABILLER SELON LEUR SEXE ?
はぁ…
?!

DANS CE CAS-LÀ...
... LES WAKANAE DEVIENDRONT LA FAMILLE DONT J'AI TOUJOURS RÊVÉ !
AUDACIEUSE, SA STRATÉGIE...
ALORS, QUE VONT DÉCIDER MES CHERS PARENTS ?
...
DITES...
... VOUS ALLEZ RESTER FIGÉS ENCORE LONGTEMPS ?
LE CHOC FUT TROP GRAND.
*CÉRÉMONIE DE RENTRÉE UNIVERSITAIRE
**NOUS VOUS SOUHAITONS UNE BONNE RENTRÉE !
***UNIVERSITÉ MUSASHINO
祝御入学
蔵野産業大学
入学式

SORA DEVRA VENIR HABILLÉ EN FEMME, ET YUKARI, EN HOMME !
À TOUT À L'HEURE !
SI ÇA SE TROUVE... J'AI EU UN COUP DE GÉNIE !
JE LEUR AI IMPOSÉ CETTE CONDITION SANS RÉFLÉCHIR... MAIS À L'AVENIR, MULTIPLIER DE TELLES OCCASIONS...
... POURRAIT CRÉER UN DÉCLIC... QUI LES FERAIT S'HABILLER À NOUVEAU NORMALEMENT !

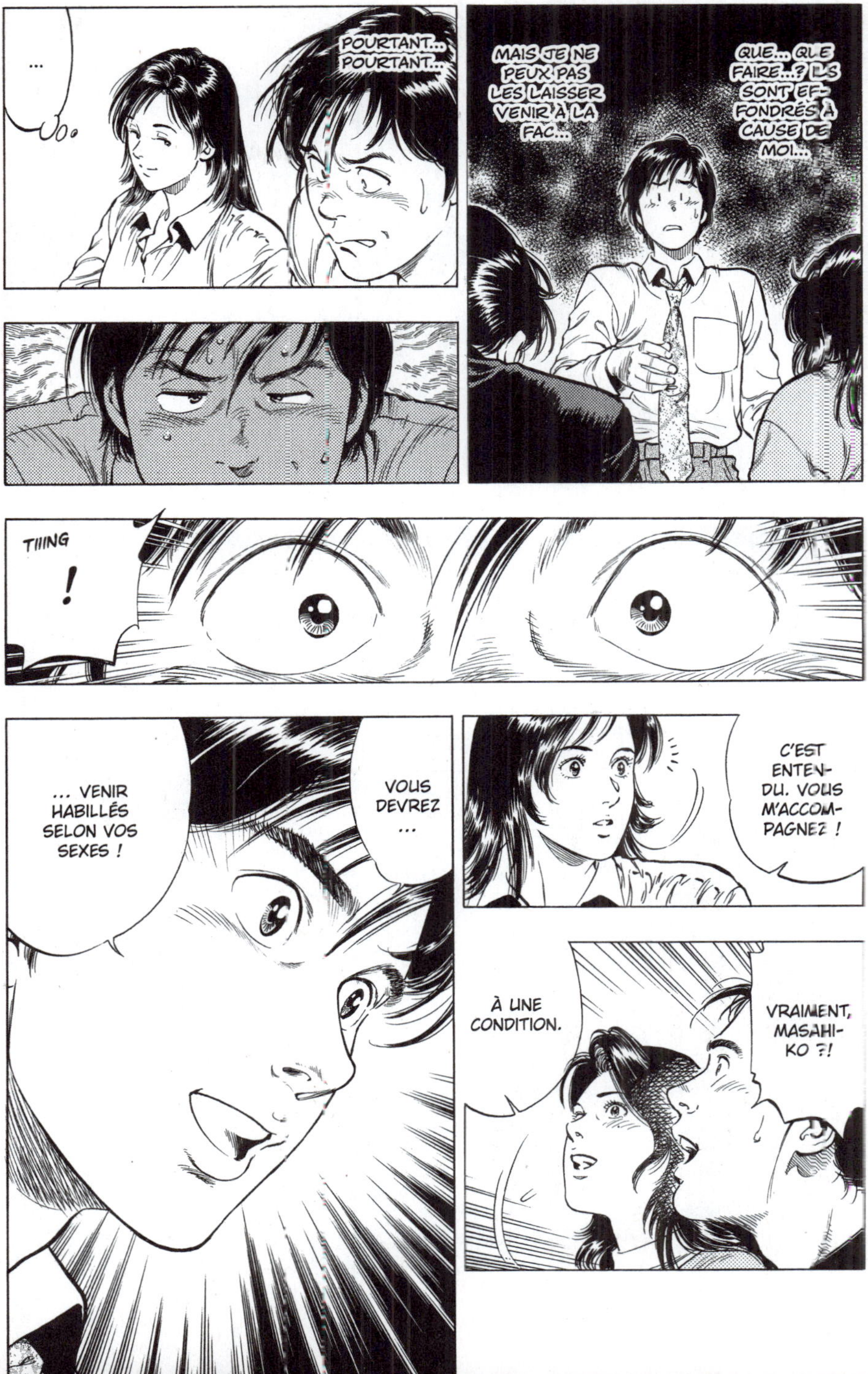
QUE... QUE FAIRE...? ILS SONT EF-FONDRÉS À CAUSE DE MOI...
MAIS JE NE PEUX PAS LES LAISSER VENIR À LA FAC...
POURTANT... POURTANT...
...
TIING
!
C'EST ENTEN-DU. VOUS M'ACCOM-PAGNEZ !
VRAIMENT, MASAHI-KO ?!
À UNE CONDITION.
VOUS DEVREZ ...
... VENIR HABILLÉS SELON VOS SEXES !

SOIS FRANC, DIS-LE QUE TU NE VEUX PAS VOIR UN OKAMA ET UNE ONABE DANS TON UNIVERSITÉ.
HARMONIE FAMILIALE VOLANT EN ÉCLATS...
JE...
C'EST... C'EST VRAI...
NOUS NOUS SOMMES EMBALLÉS SANS NOUS PRÉOCCUPER DE TES SENTIMENTS...
NON, DÉTROMPEZ-VOUS ! CE N'EST PAS...
NE T'EXCUSE PAS... NOUS AVONS ARBITRAIREMENT PENSÉ QUE TU PARTAGERAIS NOTRE JOIE, C'EST TOUT...
NOUS SOMMES DÉSOLÉS, MASAHIKO...

TU ES UN EXEMPLE POUR LES MANGAKAS, TOI.

PAPA, ENFIN !
COMBIEN DE FOIS DEVRAIS-JE TE LE RÉPÉTER ?! ACHÈTE TES PROPRES AFFAIRES !
JE SUIS UN HOMME, MOI !
...
ACHETER ÇA, QUELLE HONTE !
QUE SE PASSE-T-IL, CETTE FOIS ?
...
PEUT-ÊTRE, MAIS TU AS UN CORPS DE FEMME ! ASSUME-LE !
ACHÈTE TES PROPRES SERVIETTES HYGIÉNIQUES ! AU LIEU D'ALLER METTRE LE BAZAR DANS LES MIENNES !
ÇA... ÇA VA, NON ?! JE T'EN PRENDS SI PEU !
SI PEU, MON ŒIL ! QUE FERAS-TU, SI J'EN AI BESOIN ALORS QU'IL N'Y EN A PLUS ?!
JE N'EN UTILISE QUE QUELQUES-UNES PAR AN, PUISQUE J'AI UN CYCLE IRRÉGULIER !
HA ! HA HA... !
ON EST LOIN D'UNE DISCUSSION ENTRE UN PÈRE ET SA FILLE...

FRISH
FRISH
FRISH
UNE SEMAINE APRÈS MON ARRIVÉE CHEZ LES WA-KANAE...
... J'ÉTAIS ENCORE LOIN D'ÊTRE HABITUÉ À CETTE FAMILLE...
HRRR
HRRR
HRRR
GRZZ
GRZZ
...
QUI UTI-LISE CE RASOIR ? VOILÀ LE GENRE DE QUESTIONS QUE J'ÉVI-TAIS DE ME POSER.
HRRR
HRRR
HRRR
BRAUN

4ᴱ JOUR
CÉRÉMONIE D'ENTRÉE SOUS CONDITION

J'AI SENTI LA CHALEUR DE LA FAMILLE...
UNE VAGUE QUESTION M'EST VENUE À L'ESPRIT PENDANT QUE JE MANGEAIS CE RIZ...
SHION AVAIT-ELLE VRAIMENT EU L'INTENTION DE FUGUER ?

LE BOL... IL EST SI CHAUD !
ET CETTE VAPEUR BLANCHE !
DANS CETTE DOUCE CHALEUR DU RIZ TOUT JUSTE CUIT...
... J'AI SENTI...
J'AI SENTI...
MASA-HIKO ?
QUE T'AR-RIVE-T-IL, MASAHIKO ?!

C'EST QUOI, TOUS CES PETITS MORCEAUX DE CHARBON ?!
IL ÉTAIT TROP TARD POUR TOUT REFAIRE, ALORS J'AI SAUVÉ CE QUI SEMBLAIT MANGEABLE... JE SUIS DÉSOLÉE...
...
PARDON, MASAHIKO ! TOUT EST DE MA FAUTE !
SEUL LE RIZ A ÉCHAPPÉ AUX GRIFFES DE SORA... VOILÀ !

SOIS PLUS GENTILLE, JE ME DÉCARCASSE POUR LA FÊTE DE BIENVENUE DE MASAHIKO, MOI !
!
ILS FONT ÇA... POUR MOI...
CHÉRI, LA CASSEROLE DÉBORDE !
AH LÀ LÀ !
AÏE AÏE ! C'EST CHAUD !
KYAAH ! TOUT VA BIEN, CHÉRI ?!
ARRÊTEZ VOS MAMOURS, TOUS LES DEUX. VOUS AVEZ QUEL ÂGE ?
A.M.F.C
OH... SHION...
MASAHIKO ! BON... BONSOIR !

SHION ! APPELLE LES POMPIERS, VITE !
PAPA ! MAMAN !
UN INCENDIE !
TOUT VA BIEN ! J'AI JUSTE MIS LE GAZ UN PEU TROP FORT !
QUE FAIS-TU, CHÉRI ?! D'OÙ VIENT CETTE FUMÉE ?!
?
JE TOURNE LE DOS UN INSTANT, ET VOILÀ LE RÉSULTAT !
JE ME SUIS CONTENTÉ DE SUIVRE TES INSTRUCTIONS !
AAH... J'AURAIS MIEUX FAIT DE NE RIEN TE DEMANDER !
AAAH... C'EST CARBONISÉ !

ON RENTRE …
PARDON ?
ON RENTRE !
JE NE VEUX PAS, LÂCHE-MOI ! RENTRE TOUT SEUL, SI TU Y TIENS TANT !
OCCUPE-TOI DE TES AFFAIRES ! LÂCHE-MOI OU JE HURLE !
C'EST MOI QUI VEUX PAS ! MAIS SI JE TE LAISSE TOMBER, TU VAS FAIRE N'IMPORTE QUOI !
CALME-TOI, À LA FIN !
?
HÉ… CETTE ODEUR…
UNE ODEUR DE BRÛLÉ…
ELLE VIENT… DE LA MAISON ?
NON …?!

IL N'Y A QU'UN LIT, NOUS N'AVONS PAS LE CHOIX ! RASSURE-TOI, JE NE TENTERAI RIEN...
TU NE TENTERAS RIEN ? C'EST PLUTÔT MOI QUI...
HA... HA HA... MAIS COUCHER ENSEMBLE, C'EST QUAND MÊME...
POURQUOI ES-TU SURPRIS ? IL S'AGIT JUSTE DE COUCHER DANS LE MÊME LIT, NE TE MÉPRENDS PAS !
しらぁ
JE NE RÉSISTERAI JAMAIS, C'EST PEINE PERDUE...
...
?

CE N'EST PAS LE PROBLÈME DU NOMBRE DE FOIS !
NOUS... NOUS NE L'AVONS FAIT QU'UNE FOIS... COMMENT...
QU'ALLONS-NOUS FAIRE ?! NOUS NE POURRONS JAMAIS L'ÉLEVER SEULS !
LA SEULE SOLUTION EST DE RENTRER À LA MAISON !
ASSUME TES RESPONSABILITÉS ET VIENS AVEC MOI !
MES RESPONSABILITÉS ?!
HA-HA ! TU ES VRAIMENT NOTRE FILS MAINTENANT MASAHIKO !
VEILLONS À BIEN NOUS ENTENDRE, TOUS LES QUATRE... QUE DIS-JE, TOUS LES CINQ !
TIENS BON, Ô MA RAISON !
DIS ! ON VA AU LIT, VU QU'ON N'A RIEN D'AUTRE À FAIRE ?!

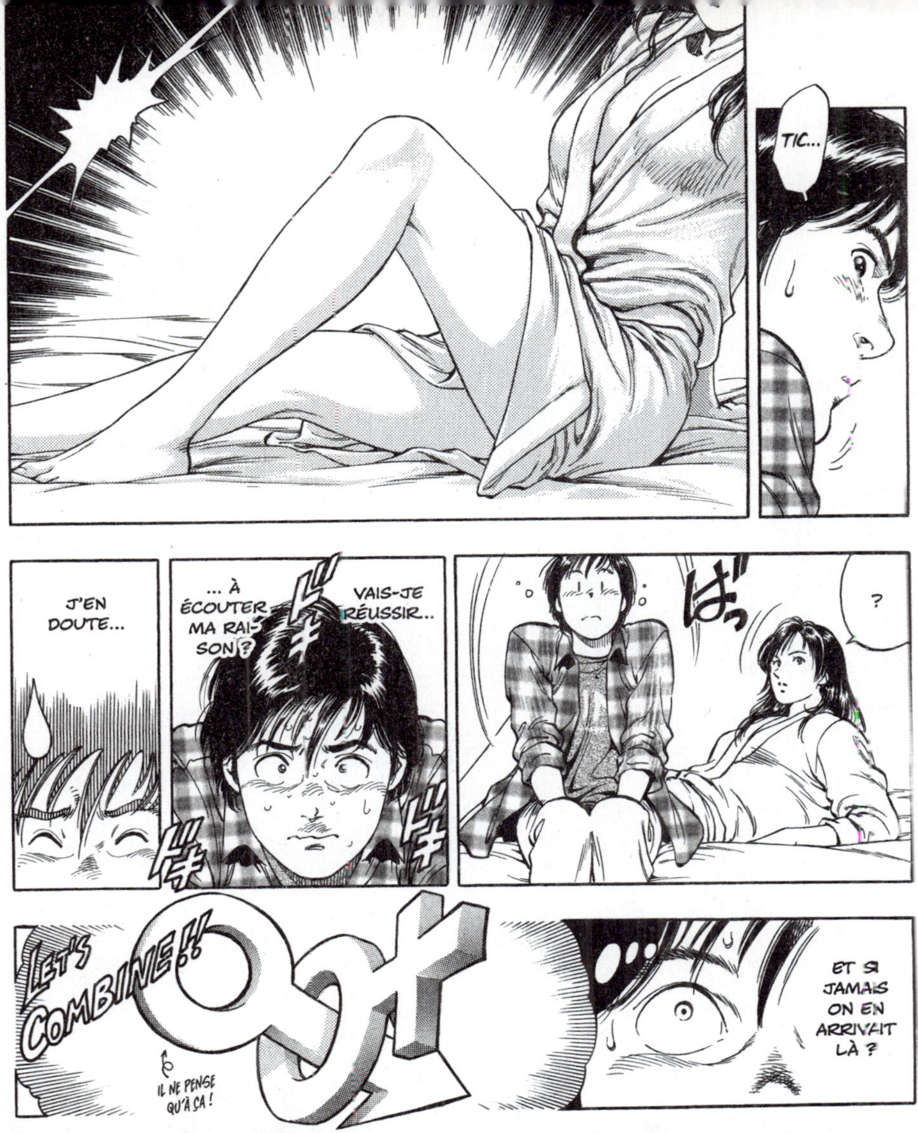
TIC...
?
VAIS-JE RÉUSSIR...
... À ÉCOUTER MA RAISON ?
J'EN DOUTE...
ET SI JAMAIS ON EN ARRIVAIT LÀ ?
LET'S COMBINE !!
IL NE PENSE QU'À ÇA !
JE CROIS QUE... JE SUIS ENCEINTE...
OOH...

HOTEL ♥ IKOI
COMMENT...
... J'EN SUIS ARRIVÉ LÀ ?
QUAND ELLE A DIT "HÔTEL"...
... JE NE PENSAIS PAS À UN LOVE HOTEL, MOI...
PRENDS DONC UNE DOUCHE, MASAHIKO... C'EST SI AGRÉABLE !
NON MERCI, C'EST PARFAIT !
MAIS OUI... LES HÔTELS CLASSIQUES SONT CHERS ! ET TOUTES LEURS FORMALITÉS, QUEL ENNUI !
OUF, JE ME SENS MIEUX...
...

TU FAIS QUOI, TOI ?!
NE TE METS PAS DANS MES PATTES !
TU AS GAGNÉ ! JE RESTE AVEC TOI !
EUH...
HOTEL 憩
HOTEL IKOI
御休憩 4500円より～
御宿泊 6000円より～

C'EST BON, J'AI COMPRIS ! JE NE TE DEMANDERAI PLUS RIEN ! TU AS LA LANGUE BIEN PENDUE, MAIS POUR CE QUI EST D'AGIR...!
A.M.F.C
OH...
JE NE PEUX PAS RECULER, MOI NON PLUS ! JE TROUVERAI BIEN OÙ LOGER EN DRAGUANT LE PREMIER VENU !
...
NON...
ELLE NE VA QUAND MÊME PAS SE JETER SUR...
TU VEUX VENIR CHEZ MOI, VRAIMENT ?
MH... JE N'AI NULLE PART OÙ ALLER... ♡

MAIS TU VAS LES INQUIÉ-TER, LEUR FAIRE DE LA PEINE... ALLEZ, RENTRE !
JUSTEMENT, LE PROBLÈME N'EST PAS LÀ ! JE VEUX MON INDÉPENDANCE, C'EST TOUT... TU NE PEUX SANS DOUTE PAS COMPRENDRE, TOI QUI N'AS PAS DE PARENTS...
TU NE PEUX PAS VENIR VIVRE AVEC MOI, PAS EN AYANT UNE FAMILLE AUSSI GENTILLE QUE LA TIENNE...
POUR CETTE NUIT, LE PLUS SIMPLE EST DE DESCENDRE À L'HÔTEL ! SUIS-MOI !
A... ATTENDS UN PEU !
JE N'ÉPROUVE CEPENDANT AUCUN SENTIMENT AMOUREUX POUR TOI.
JE PRÉFÈRE ÊTRE CLAIRE !
...
TOI, QUI FUIS DEVANT UNE SIMPLE INVERSION DE SEXE...
DE LA PEINE, HEIN ? TU OSES ME DIRE ÇA, ALORS QUE TU REJETTES CES DEUX MÊMES PERSONNES POURTANT SI GENTILLES AVEC TOI ?

OUI, MAIS MON CAS EST DIFFÉRENT ! JE VEUX DEVENIR INDÉPENDANTE, MAINTENANT QUE JE SUIS UNE FEMME !
TU... TU AS L'INTENTION DE FUGUER ?!
MAIS... TU N'AS RIEN DIT À TES PARENTS, N'EST-CE PAS ?!
HEIN...?!
BIEN SÛR QUE NON, ILS AURAIENT REFUSÉ, PRÉTEXTANT QUE JE SUIS TROP JEUNE.
EN FAIT, JE VOULAIS MON INDÉPENDANCE EN ENTRANT AU LYCÉE.
J'ATTENDAIS DE SAISIR MA CHANCE... J'ATTENDAIS DE TROUVER QUELQU'UN AVEC QUI JE PUISSE VIVRE !
AVEC QUI... TU PUISSES VIVRE ?!
PERSONNE NE LOUERA UN APPARTEMENT À UNE FILLE DE 16 ANS QUI N'A PAS DE GARANT. PAR CONTRE, SI PAR PURE FORMALITÉ, JE ME PRÉSENTE AVEC UNE PERSONNE OFFICIELLEMENT ADULTE COMME TOI, J'AURAIS MES CHANCES, NON ?
...
VIVRE... ENSEMBLE...

WAAH !
C'EST PLUTÔT TRISTE, CE QUE TU MANGES... DANS UN ENDROIT PAREIL, EN PLUS.
SHI... SHION, QUE FAIS-TU ICI ?!
VIENS, JE VAIS T'OFFRIR QUELQUE CHOSE DE MEILLEUR !
POURQUOI TU TE VEXES ?
J'AIME BIEN MANGER FROID ! LAISSE-MOI TRANQUILLE !
JE VEUX QUITTER LA MAISON, MOI AUSSI.
NE ME FAIS PAS RIRE ! QUI VOUDRAIT HABITER CHEZ OKAMA & CIE ?
TU... TU ES VENUE ME CHERCHER, C'EST ÇA ?!

AVEC TOUT LE TRAVAIL QUE JE VAIS AVOIR, JE MANGERAI AU BUREAU, DÉSORMAIS. TU N'AURAS PLUS NI À PRÉPARER LE REPAS POUR DEUX NI À M'ATTENDRE...
D'ACCORD...
QUAND ON MANGE SEUL, ON TROUVE VITE STUPIDE DE PRÉPARER TOUT UN REPAS POUR SOI...
ET FINALEMENT, ON SE RETROUVE À ACHETER LES PLATEAUX-REPAS DE LA SUPERETTE DU COIN.
LE CUISEUR À RIZ FAMILIAL FÛT DE MOINS EN MOINS UTILISÉ...
PUIS, IL FINIT PAR DEVENIR UN SIMPLE ÉLÉMENT DÉCORATIF DE LA CUISINE.
JE DEVAIS CERTAINEMENT MANGER DU RIZ TOUT JUSTE SORTI DE CETTE MACHINE, AU TEMPS OÙ MA MÈRE ÉTAIT ENCORE VIVANTE...
MAIS... JE NE M'EN SOUVIENS PAS...
...

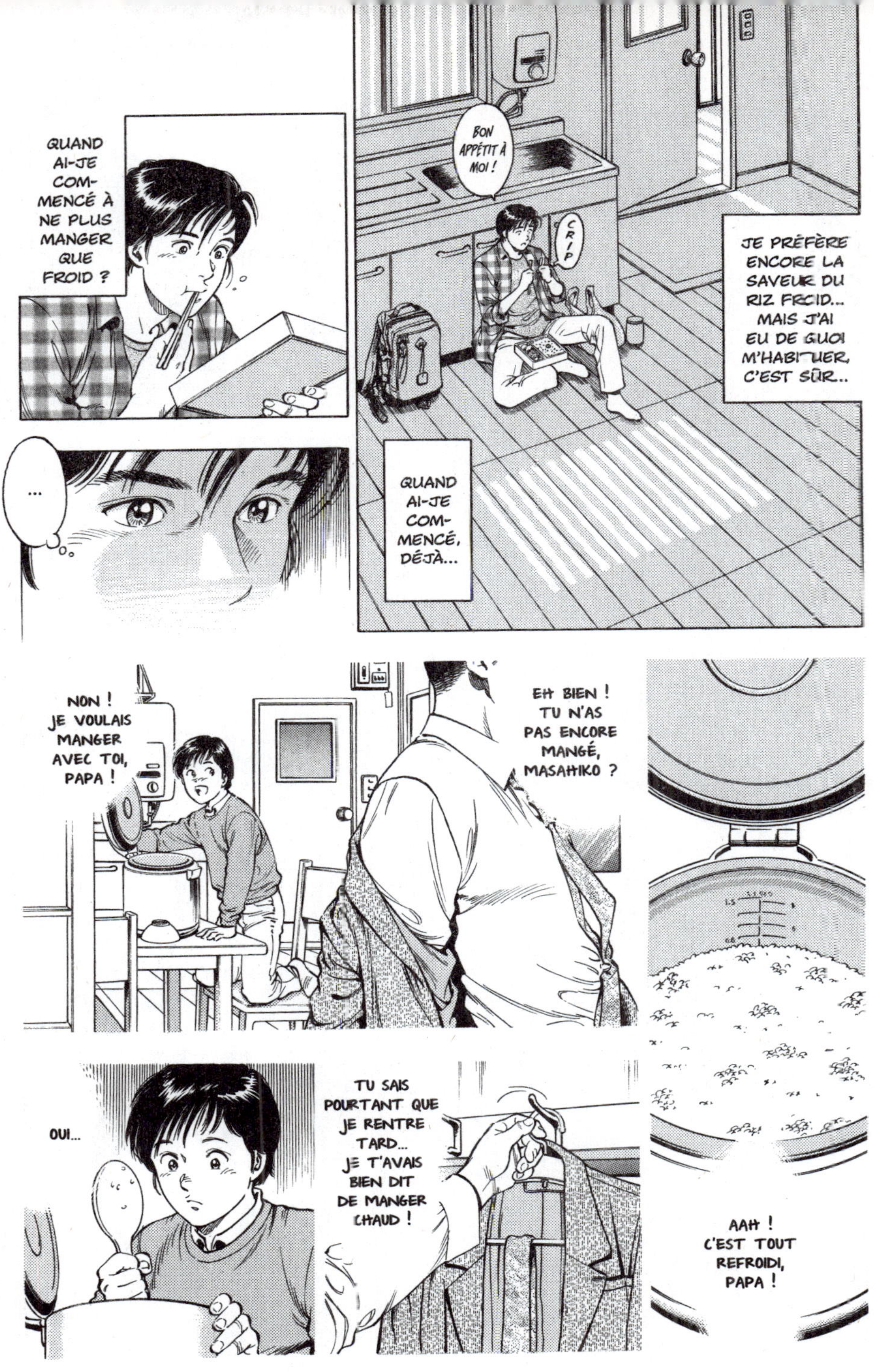
BON APPÉTIT À MOI !
CRIP
JE PRÉFÈRE ENCORE LA SAVEUR DU RIZ FROID... MAIS J'AI EU DE QUOI M'HABITUER, C'EST SÛR...
QUAND AI-JE COMMENCÉ, DÉJÀ...
QUAND AI-JE COMMENCÉ À NE PLUS MANGER QUE FROID ?
...
AAH ! C'EST TOUT REFROIDI, PAPA !
EH BIEN ! TU N'AS PAS ENCORE MANGÉ, MASAHIKO ?
NON ! JE VOULAIS MANGER AVEC TOI, PAPA !
TU SAIS POURTANT QUE JE RENTRE TARD... JE T'AVAIS BIEN DIT DE MANGER CHAUD !
OUI...

OUI...
PAR CONTRE, TON AIDE SERA INUTILE. CAR AVEC TOI, NUL NE SAIT QUAND LE REPAS SERA PRÊT.
COMMENT ? IGNORES-TU MES TALENTS DE CORDON-BLEU ?
JE LES CONNAIS BIEN, AU CONTRAIRE !
STORE
FRIEND market
NIENCE
BONJOUR !
JE RÉCHAUFFE VOTRE PLATEAU-REPAS ?
NON, MERCI...
CELA FAIT 625 YENS...
SELON MOI, RIEN N'A PLUS MAUVAIS GOÛT QU'UN REPAS RÉCHAUFFÉ...
MERCI, À BIENTÔT !

GRR ...
AH, C'EST DONC ÇA... ELLE A FUI !
ELLE, LA PRINCIPALE RESPONSABLE ! ATTENDS UN PEU QU'ELLE REVIENNE...
...
MASAHIKO EST SORTI, LUI AUSSI... SON VÉLO N'EST PLUS LÀ...
JE ME DEMANDE... S'IL VA REVENIR...
...
PAS D'INQUIÉTUDE ! NOUS SOMMES SA SEULE FAMILLE ! TOUT IRA BIEN !
ALLONS PLUTÔT PRÉPARER LE REPAS !
NOUS N'AVONS PAS PU FÊTER SON ARRIVÉE HIER SOIR, N'EST-CE PAS ? ALLEZ, JE VAIS T'AIDER !

...
NON, LA PAGE DE MON ANCIEN APPARTEMENT EST BIEN TOURNÉE...
JE N'AI PAS D'ARGENT, ET LE PROCHAIN LOCATAIRE A DÉJÀ ÉTÉ CHOISI...
QUE VAIS-JE FAIRE, MAINTENANT...?
はぁ…
ぐぅぅ〜〜〜ぅ
SHION !
OÙ ES-TU, SHION ?!
SORS IMMÉDIATEMENT DE TA CACHETTE !
POURQUOI CES CRIS ? SHION EST SORTIE, SI TU LA CHERCHES.

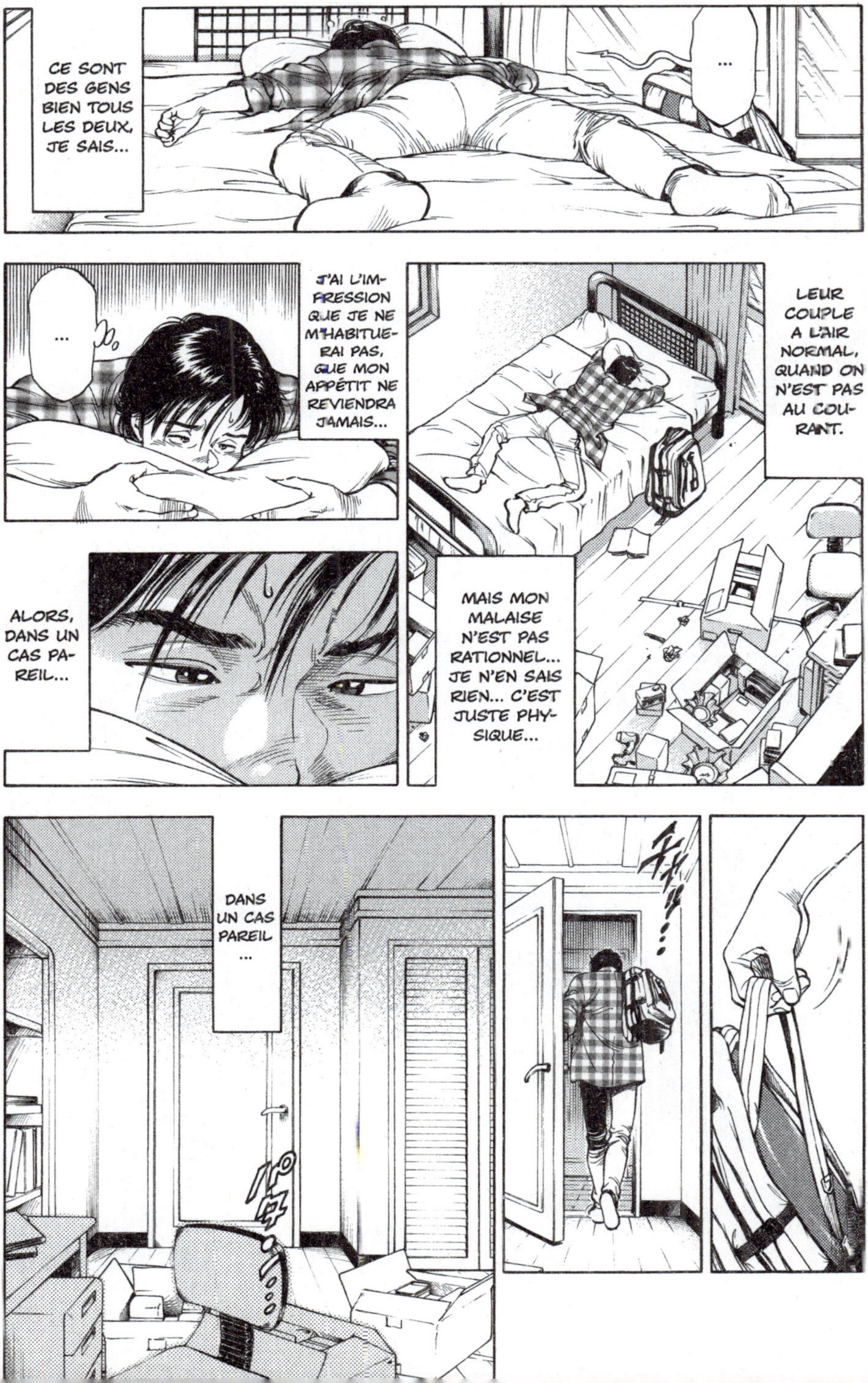
...
CE SONT DES GENS BIEN TOUS LES DEUX, JE SAIS...
LEUR COUPLE A L'AIR NORMAL, QUAND ON N'EST PAS AU COURANT.
J'AI L'IMPRESSION QUE JE NE M'HABITUERAI PAS, QUE MON APPÉTIT NE REVIENDRA JAMAIS...
...
MAIS MON MALAISE N'EST PAS RATIONNEL... JE N'EN SAIS RIEN... C'EST JUSTE PHYSIQUE...
ALORS, DANS UN CAS PAREIL...
DANS UN CAS PAREIL ...

NOTE : MALHEUREUSEMENT, JE DOIS COUPER LA SCÈNE DE BAISERS PASSIONNÉS QUI DEVAIT NORMALEMENT SUIVRE...

MERCI POUR LE REPAS...
OH, MAIS... TU AS DÉJÀ FINI, MASA-HIKO ?
JE N'AI PAS D'APPÉTIT, À VRAI DIRE...
ALLONS... C'EST MAUVAIS POUR LA SANTÉ DE SAUTER LE PETIT-DÉJEUNER... LES GARÇONS DOIVENT BEAUCOUP MANGER. HA HA HA !
MERCI. MAIS... J'AI TROP BU HIER SOIR...
...
はぁ...
BON, MOI AUSSI J'AI TERMINÉ...
SHION.

ALLONS, CE N'EST RIEN DU TOUT !
...
ON A JUSTE ÉCHANGÉ NOS RÔLES ! REGARDE-NOUS, QUI POURRAIT S'EN RENDRE COMPTE ?!
...
POUR LES PROFANES, C'EST QUELQUE CHOSE...
ON N'EST PAS DIFFÉRENTS DES AUTRES... ET PUIS, POUR CE QUI EST DE LA BONNE ENTENTE FAMILIALE, ON EST LES CHAMPIONS ! HEIN, YUKARI ?
OUI !
BISOU ♡
HURP...

チュン チュン・・・
チュン チチチ・・
あ～っはははは
TU AS DÛ ÊTRE SURPRIS, DIS DONC !
...

3E JOUR
DOUCE CHALEUR
D'UN REPAS
TSUKASA '96. AUG

F.COMPO

TCHAKA TA TCHAKA TA
カラオケ
JE ME SOUVIENS... DE TOUT...

DÉSHABILLE-TOI VITE ET VIENS DANSER AVEC NOUS !
OOH...
LA POITRINE DE SORA... ON DIRAIT CELLE D'UNE FEMME.
ET ENTRE SES CUISSES, CE TRUC PROPRE AUX GARÇONS...
... EST ABSENT !

CES CHOSES SI FAMILIÈRES...
... QUI VONT À GAUCHE, À DROITE...
ALORS, CE SONT TOUS...
DES OKA... OKA... OKAMA...
QU'ATTENDS-TU, MASAHIKO ?!

TIENS ?
ENTRE...
... LEURS CUISSES...
ÇA SE BALANCE...
ÇA S'AGITE...

HUMF !
ばっ
SORA ?!
MA TÊTE... ÇA RECOMMENCE !
ズキッ
パサ
?
WAAH !
ぴら ぴら
ぴらぁ
MAIS... MAIS ARRÊTEZ, ENFIN !
JE SUIS ENCORE TROP JEUNE, MOI !
ALLONS, TU LEUR MANQUES DE RESPECT EN DÉTOURNANT LES YEUX !

... MOI, KAZUKO NIIGATA, VAIS EFFECTUER LA PREMIÈRE DANSE NUE !
ON EN RÊVAIT. ♡
MOI, HIROMI NAKAMURA, FERAI LA DEUXIÈME !
ET MOI, MAKOTO YAMAZAKI, LA TROISIÈME !
QUOI QUE...
QUE ...?
J'VEUX PAS VOIR ÇA...
MMH... ♡
VEUILLEZ NE PAS TOUCHER AUX DANSEUSES, CHER CLIENT...
A...
ATTENDEZ UN PEU...
VOUS N'INTERVENEZ PAS, SORA ?!
GRR !
NOUS LES HOMMES, ON VA PAS SE LAISSER AVOIR ! À L'ATTAQUE !
...!

L'UN DES MEMBRES...
... DE LA FAMILLE...
L'UN DES MEMBRES...
... DE LA FAMILLE !
たぁ〜っ
POURQUOI PLEURES-TU, MASAHIKO ?!
Z'EST VRAI, BAS DE LARMES BENDANT LES RÉZOUI-CHANCES !
RIONS ET BUVONS TOUT NOTRE SOÛL !
QUEL ÉMOTIF, CELUI-LÀ...
DIS, KAZU... TU NE VEUX PAS FAIRE COMME D'HABITUDE, EN L'HONNEUR DE MASAHIKO ?
...
...
GLOUP...
DANS CE CAS...
ゆらり...
... AFIN DE FÉLICITER M. YANAGIBA POUR SON ENTRÉE DANS LA FAMILLE...

...
GLOUP...
GOMMENT ZA, BAS D'ALGOOL ? Z'EST DA BUNIZION BOUR LES Z'ENNUIS GUE DU NOUS AS GAUZÉS.
MAIS, ENFIN...
ÇA VA, ÇA VA... LE MANUSCRIT A ÉTÉ RENDU À TEMPS... ALLEZ, BOIS !
JE SUIS DANS DE BEAUX DRAPS... D'AUTRE PART, EN QUOI M'AMENER ICI ME RENDRAIT LES SOUVENIRS DE CETTE FAMEUSE NUIT ?
VOTRE ATTENTION, TOUT LE MONDE ! J'AI QUELQU'UN À VOUS PRÉSENTER !
AUJOURD'HUI, IL DEVIENT L'UN DES MEMBRES DE LA FAMILLE...
QUELLE FERVEUR, PAPA...
VOICI MASAHIKO YANAGIBA !
BIENVENUE CHEZ LES WAKANAE !
BÉLIZIDAZIONS !
GLOUP...

*ON MONTRE SES MUSCLES ! ET LES JEUNES ! ET LES VIEUX !

...
OÙ SONT-ILS PASSÉS, TOUS LES DEUX...
ET MON DÎNER, QUI VA ÊTRE BIENTÔT PRÊT...
ÉTRANGE... J'AI UN MAUVAIS PRESSENTIMENT.
SIXIÈME SENS "FÉMININ" ?
カラオケ
ドレミ
の
ョウ
POURQUOI UN KARAOKÉ ?
PAPA ET SON ÉQUIPE DOIVENT Y ÊTRE POUR FÊTER LA FIN DE LEUR TRAVAIL.
LA FIN DE LEUR TRAVAIL ?
COMME CHAQUE SEMAINE, OUI. UNE FOIS LE MANUSCRIT RENDU, ILS SE DÉFOULENT ENSEMBLE !
C'EST UNE FAÇON DE TOURNER LA PAGE. ♡
D'ACCORD, MAIS...
LES VOILÀ !
*KARAOKÉ **LE SOUS-SOL DE DORÉMIE

J'EN ÉTAIS SÛR... J'AI FAIT QUELQUE CHOSE ?
J'AI UN PEU PERDU LA MÉMOIRE, AVEC TOUTE CETTE BIÈRE QUE J'AI BUE... JE M'IN-QUIÉTAIS À CE SUJET...
QUOI ?
QUAND J'ESSAIE DE ME SOUVENIR, LA TÊTE ME LANCE, ICI...
LÀ OÙ IL S'EST COGNÉ ...
IL A VRAIMENT OUBLIÉ, ALORS...
J'AI FAIT DES CHOSES BIZARRES, C'EST ÇA ?
...
TU AS ENVIE DE SAVOIR ?
SHION !
MASA-HIKO !

ELLE S'EST IMPOSÉE DÈS LE PREMIER JOUR... COMME ÇA, PAM !
VOICI TA CHAMBRE. ARRANGE-LA COMME TU VEUX.
!
TES AFFAIRES ONT DÉJÀ ÉTÉ MONTÉES.
INCROYABLE, CETTE VUE !
UNE CHAMBRE AUSSI BELLE, POUR MOI ? C'EST VRAI ?!
TU AS VRAIMENT TOUT OUBLIÉ ?
HEIN ?
CETTE NUIT DE LA SEMAINE DERNIÈRE...

BON... BON-JOUR... HA HA... HA...
MA... MASAHI-KO ?!
?
?
?
TU ES EN ÂGE DE FAIRE ENTENDRE TA VOIX, MON PETIT MASA-HIKO !
MON PETIT ...?
ET À L'AVENIR, CESSE D'ÊTRE AUSSI MOU ! IMPOSE-TOI, UN PEU !
OUI ...
L'ENTRÉE DU PREMIER DONNE SUR L'ATELIER DE PAPA, ALORS ÉVITE DE L'UTILISER, D'ACCORD ?
D'AC-CORD ...
CAR PAPA EST IRASCIBLE QUAND IL TRAVAILLE, SURTOUT AVEC UNE DATE DE RENDU PROCHE.
QUOI ENCORE ?
AH... NON... RIEN DU TOUT...

TOI, ON T'A PRIS POUR UN AUTRE...
EN QUELQUE SORTE...
JE VOUS DIS DE ME LÂCHER, VOUS ENTENDEZ ?!
MAÎTRE...
PA PA
SHI... SHION...
OH...
ET SI TU LE REGARDAIS, CE BON À RIEN QUE TU CHERCHES ? HEIN ?!

AÏE AÏE AÏE… FAIS ATTENTION, HIROMI…
OH, MASAHIKO !
MA TANTE !
MA-MAN …
VOUS CONNAISSEZ CE GARÇON, YUKARI ?
QUE S'EST-IL PASSÉ ?
CET ASSISTANT A RENDU LE MAÎTRE FOU DE RAGE…
ASSIS-TANT ?
OÙ EST-IL, CE BON À RIEEEN ?!
OÙ EST CE SALE GOSSE, QUI VIENT SEMER LA PAGAILLE QUAND LA VIE DE MON MANUSCRIT EST EN JEU ?!
MAÎTRE SORA, CALMEZ-VOUS !
LÂCHEZ-MOI ! JE VAIS L'ÉCRASER !
…

MH… GH… GOUH…
DIS, MAMAN… TU AS FAIT UN PEU TROP DE COURSES, NON ?
JE DOIS PRÉPARER UN REPAS DIGNE DE CE NOM, POUR ACCUEILLIR MASAHIKO COMME IL CONVIENT !
ATTENDS… PAPA NE DOIT PAS RENDRE SON TRAVAIL, AUJOURD'HUI ?
VU QU'IL IRA ENSUITE FÊTER ÇA, IL NE SERA PAS À LA MAISON, CE SOIR.
C'EST VRAI ! J'AVAIS OUBLIÉ…
IL NE RESTE PLUS QU'À TOUT ANNULER ! DIRE QUE JE ME SUIS FATIGUÉE POUR RIEN.
TU POURRAIS FAIRE ATTENTION, MAMAN…
HAAAA !

AAAH !
NOOON ! LE MANUSCRIT !
REGARDE CE QUE TU AS FAIT !
PASSEZ DE L'EAU, VITE !
NON ! L'ENCRE A RECOUVERT LES PERSONNAGES !
?
DAN... DANGER !
...
SAUVE-TOI, VITE !
ALLEZ, NE TRAÎNE PAS ICI !
QUOI ?

CESSE DE BAILLER ET BOUGE UN PEU TES MAINS, TOI.
C'EST LA CATA, CETTE FOIS ! LE MANUSCRIT NE SERA PAS PUBLIÉ S'IL N'ARRIVE PAS À L'IMPRIMERIE CE SOIR !
TERMINE VITE, ET JE TE FERAI UN PETIT CADEAU...
EUH...
DIS DONC, TU ES DRÔLEMENT MIGNON, TOI. ♡
LES GARÇONS QUI ME PLAISENT ONT TOUJOURS DROIT AU SERVICE COMPLET, ALORS... COURAGE. ♡
AH...
VOUS... VOUS VOUS TROMPEZ LOURDEMENT ! EN FAIT, JE SUIS...
TOC...

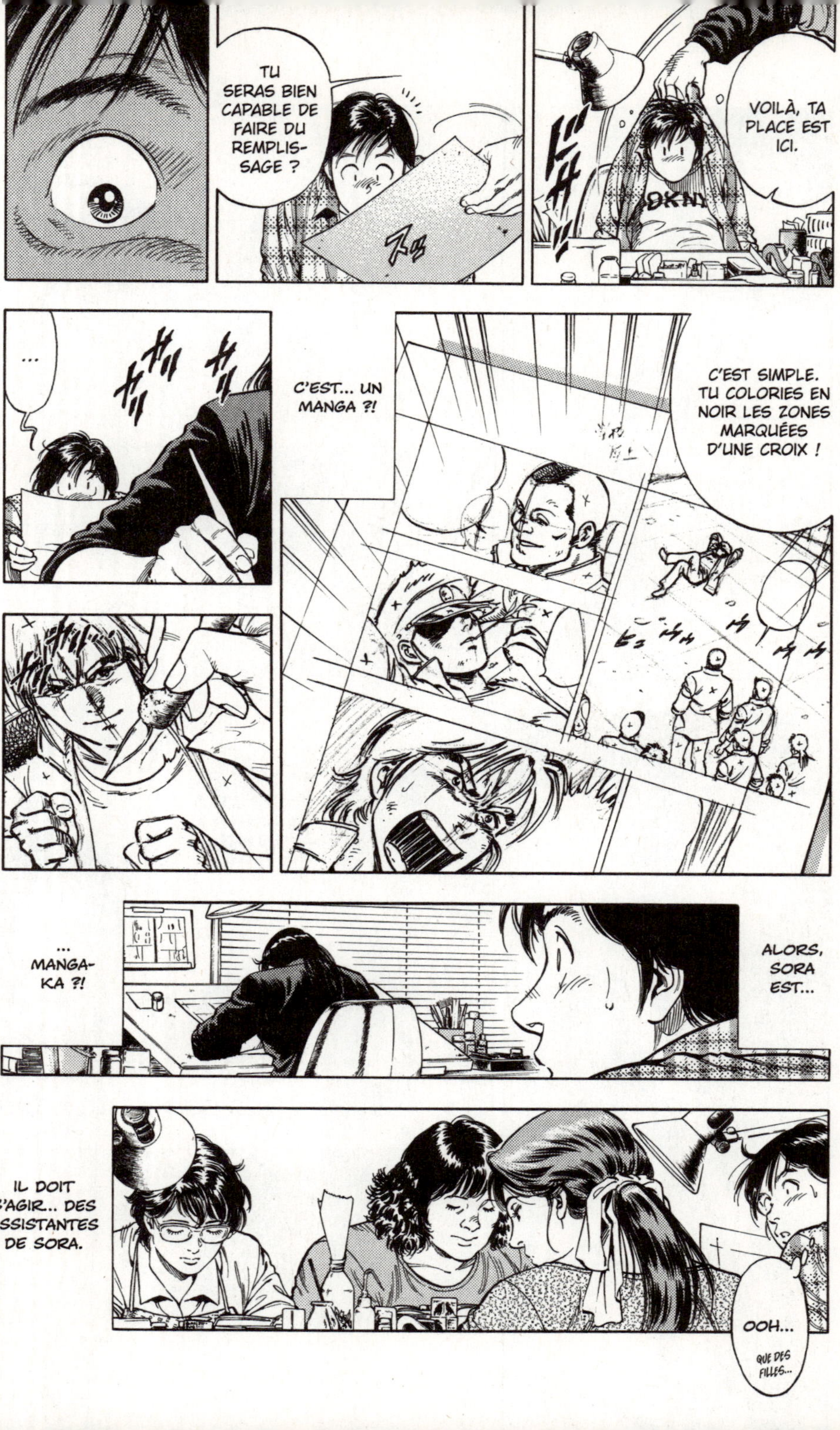
VOILÀ, TA PLACE EST ICI.
TU SERAS BIEN CAPABLE DE FAIRE DU REMPLISSAGE ?
C'EST SIMPLE. TU COLORIES EN NOIR LES ZONES MARQUÉES D'UNE CROIX !
C'EST... UN MANGA ?!
...
ALORS, SORA EST...
... MANGA-KA ?!
OOH...
QUE DES FILLES...
IL DOIT S'AGIR... DES ASSISTANTES DE SORA.

...
C'EST QUOI, TOUT ÇA...?
VOICI L'ASSISTANT QUE NOUS AVONS DE-MANDÉ À LA RÉDACTION, MAÎTRE SORA.
ELLE L'A APPELÉ... MAÎTRE ?
MH...
BIENVENUE... ON COMPTE SUR TOI...
TU PEUX LE PRENDRE SOUS TON AILE DE CHEF KAZU ?
TRÈS BIEN.
?
EUH... SORA, JE...

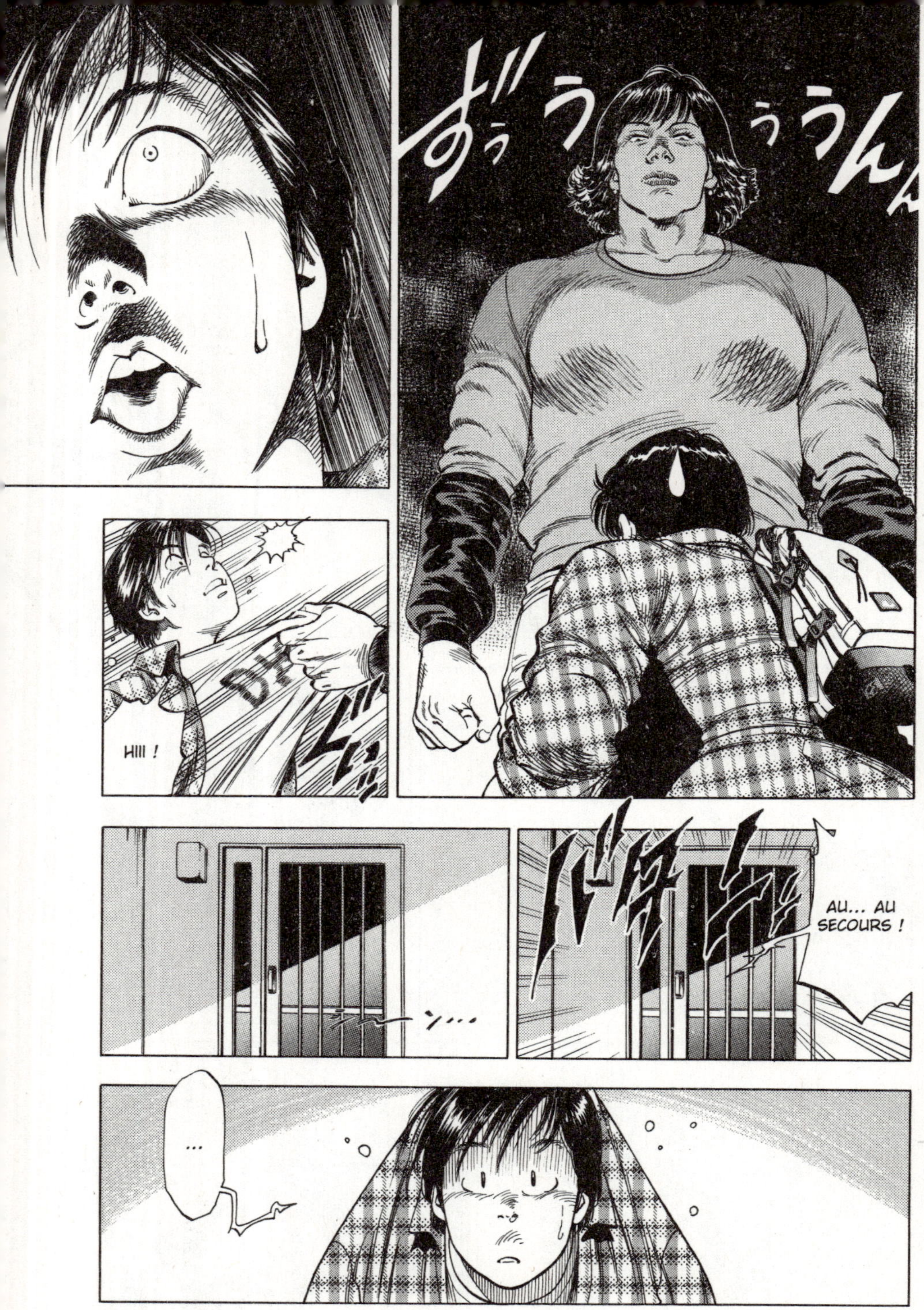
ずっうぅうんん
HIII !
AU... AU SECOURS !
...

PASSE PAR L'ENTRÉE DU PREMIER.
LA PORTE EST OUVERTE.
SHRIC
L'ENTRÉE DU PREMIER ÉTAGE ?
AH… IL Y A UNE PORTE, EN EFFET…
…
ÉTRANGE, CETTE MAISON… JE N'AVAIS PAS VU CETTE ENTRÉE, LA PREMIÈRE FOIS.
EXCUSEZ-MOI…
CE DOIT ÊTRE LA FEMME DE MÉNAGE QUI M'A RÉPONDU…
ELLE M'A SEMBLÉ PLUTÔT MAL DÉGROSSIE…
DÉSOLÉE D'ÊTRE "MAL DÉGROSSIE" !
HEIN ?

シーーン…
…
TING TOONG
TING
TOONG
SHRIC
OUIII ?
QUI EST LÀ ?!
HA HA HA… JE SUIS ARRIVÉ UN PEU TROP TÔT, C'EST SÛR…
ILS SONT… ABSENTS ?
AH, OUI ! TU ES EN RETARD, ON T'ATTENDAIT !
HEIN ?
AH… EUH…
EH BIEN… À PARTIR D'AUJOURD'HUI, JE DOIS…
ON EST OCCUPÉS, LÀ ! C'EST POUR QUOI ?
MAIS… CE N'EST NI LA VOIX DE YUKARI NI CELLE DE SHION… QUI EST-CE ?

IL NE FAUT PAS, SHION...
GRAND FRÈRE... JE SUIS... JE SUIS...
NE TE METS PAS TOUT NU COMME ÇA... ALLONS !
T'AS PAS VU LE FEU, CRÉTIN ?!
WAAH !
POURTANT...
J'AI L'IMPRESSION QU'ELLE SE FICHE DE MOI, DEPUIS NOTRE RENCONTRE...
CE PREMIER JOUR EST CRUCIAL ! JE DOIS FRAPPER UN GRAND COUP !
JE NE DOIS PAS LUI LAISSER L'INITIATIVE !
JE DOIS M'IMPOSER COMME L'AÎNÉ COMME LE CHEF !
COMME ÇA, PAM !
POON !

ET SHION...
... SERA MA PETITE SŒUR !
ELLE EST PLUS JEUNE QUE MOI...
PETITE SŒUR... FRÈRE ET SŒUR... AAH, COMME CES MOTS SONNENT BIEN...
ILS ME FONT FRISSONNER...
DU CALME, DU CALME...
UN FRÈRE ET UNE SŒUR, SANS LIEN DE SANG... UNE SITUATION FRÉQUENTE, DANS LES SÉRIES TÉLÉ...
ILS SONT TOUS LES DEUX, SEULS... L'UN AIDE L'AUTRE À FAIRE SES DEVOIRS...
TU T'ES TROMPÉE, ICI AUSSI...
GRAND FRÈRE...
SHION...?

LA FAMILLE ...
MA FAMILLE...
♪
TOUT RESTE ENCORE À CONSTRUIRE, MAIS...
... AUJOURD'HUI, JE REJOINS... LES TROIS MEMBRES DE MA FAMILLE !
...
YUKARI COMME MÈRE...
SORA COMME PÈRE...
YAHOUUU !

QUELLE SURPRISE LORSQU'IL NOUS A ANNONCÉ CELA LE LENDEMAIN MATIN, L'AIR DE RIEN.
JE VAIS VENIR HABITER CHEZ VOUS.
SANS PARLER DE CETTE ÉNORME BOSSE, QU'IL S'EST FAITE JE NE SAIS COMMENT... SON TROU DE MÉMOIRE VIENDRAIT DE LÀ ?
MASA-HIKO !
IL AVAIT BEAUCOUP BU, ET S'EST ÉVANOUI EN VOYANT MA-MAN NUE...
C'EST DU PRO-PRE...
...
MAIN-TENANT, C'EST TROP TARD POUR REGRET-TER, MON VIEUX !
ふふん
... MH...
À QUOI PENSES-TU ENCORE, AVEC TON SOURIRE EN COIN ?
OH... À RIEN, MAMAN ! RIEN DU TOUT !
VA PLUTÔT T'HABILLER ! À PARTIR DE MAINTENANT, PLUS QUESTION DE TRAÎNER À MOITIÉ NUE DANS LA MAISON !
OUI, OUI...
ET JE TE CONSEILLE DE TENIR TA LANGUE, DÉSORMAIS ! MA-SAHIKO APPRENDRA CETTE FAMEUSE VÉRITÉ AU MOMENT OPPORTUN ! C'EST COMPRIS ?
OUI, OUI, J'AI COMPRIS !

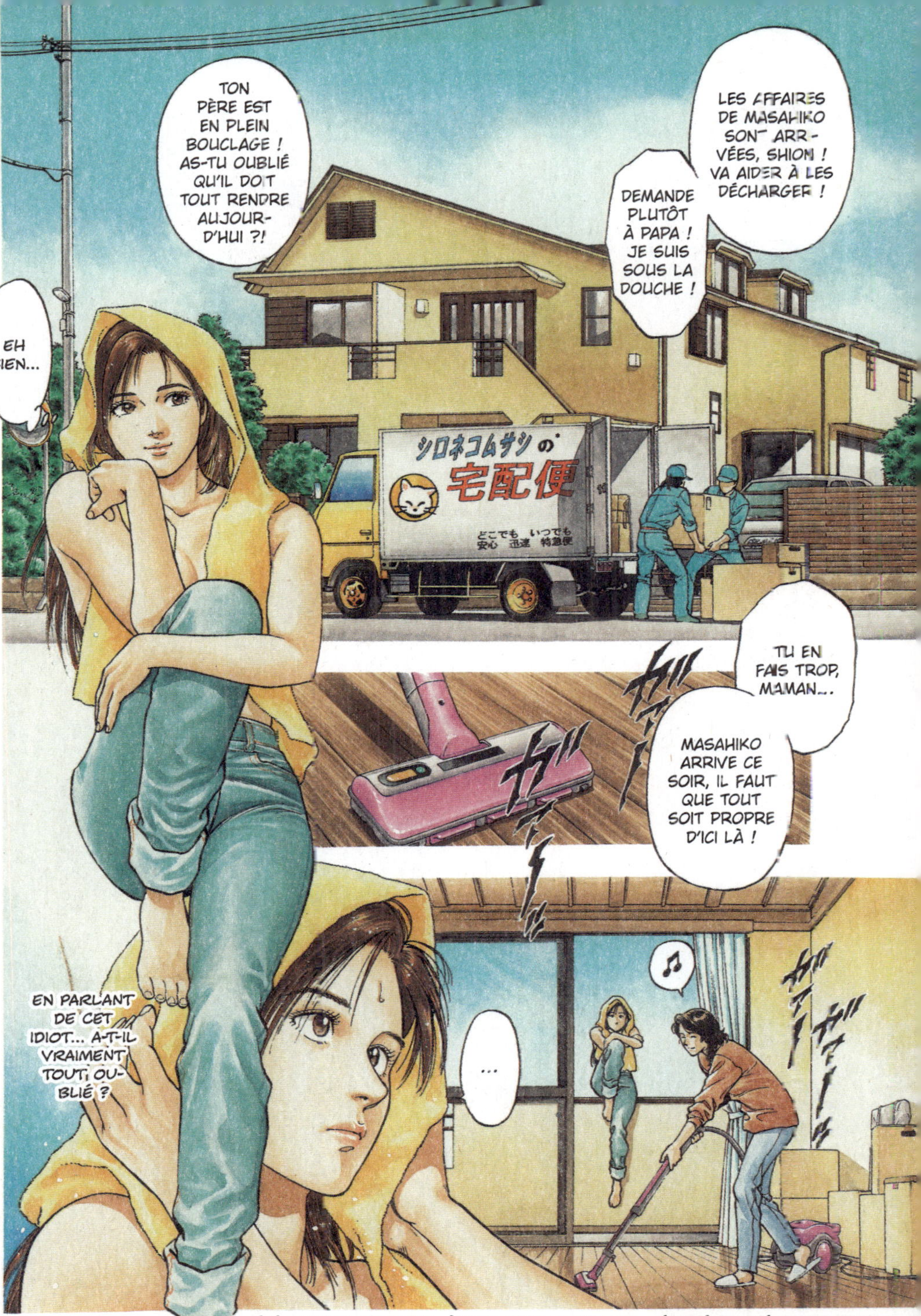

*DÉMÉNAGEMENTS SHIRO NEKO - À TOUTE HEURE, EN TOUT LIEU - SÉCURITÉ, RAPIDITÉ, SERVICE EXPRESS

2E JOUR
UNE NUIT DE DANSE TRÈS SPÉCIALE...

MON ONCLE N'ÉTAIT PAS SORA, MAIS YUKARI !
CHEZ LES WAKANAE, LE MARI ET LA FEMME AVAIENT ÉCHANGÉ LEUR PLACE !

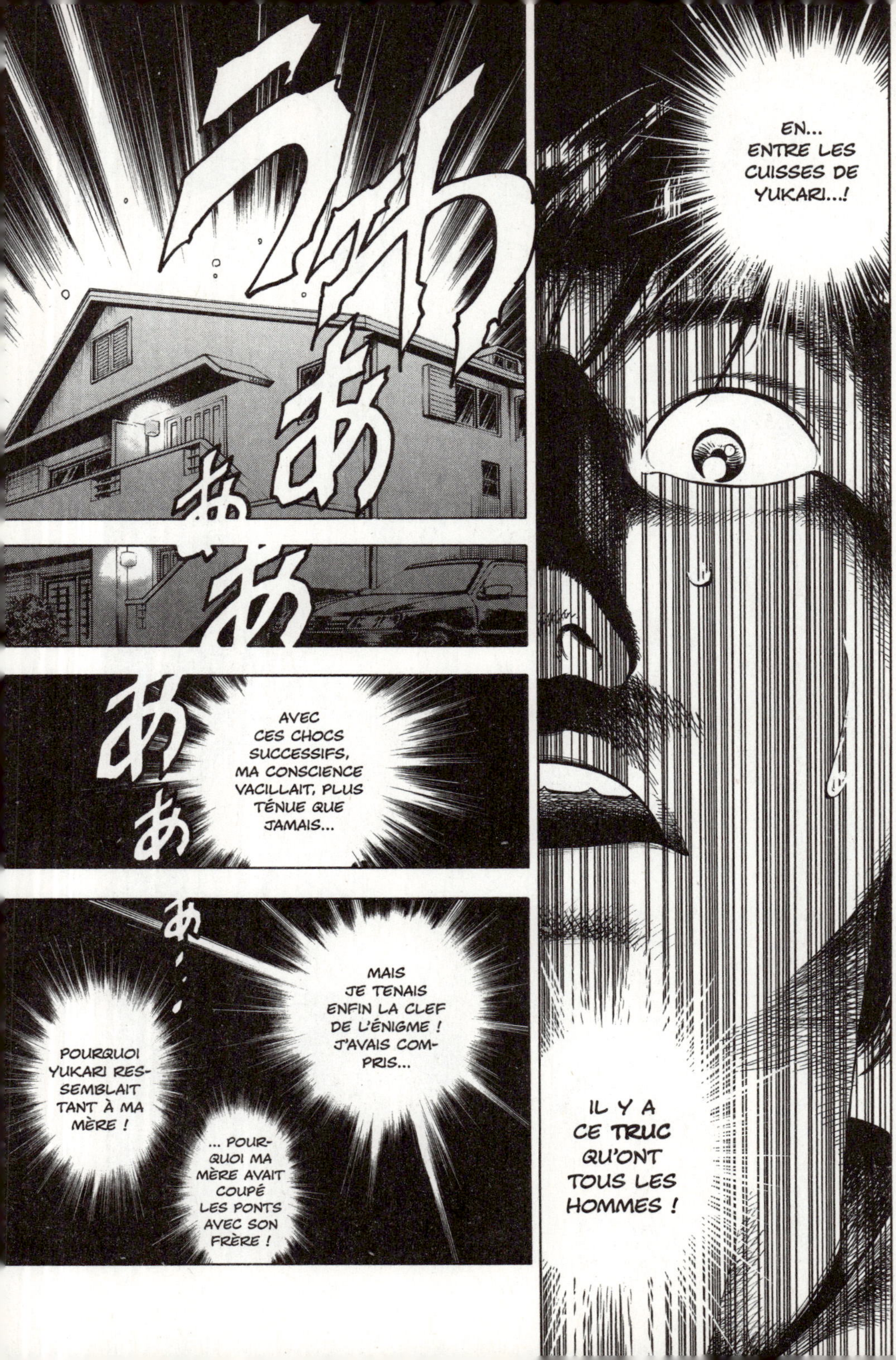
EN... ENTRE LES CUISSES DE YUKARI...!
IL Y A CE TRUC QU'ONT TOUS LES HOMMES !
うわああああぁあ…
AVEC CES CHOCS SUCCESSIFS, MA CONSCIENCE VACILLAIT, PLUS TÉNUE QUE JAMAIS...
MAIS JE TENAIS ENFIN LA CLEF DE L'ÉNIGME ! J'AVAIS COMPRIS...
POURQUOI YUKARI RESSEMBLAIT TANT À MA MÈRE !
... POURQUOI MA MÈRE AVAIT COUPÉ LES PONTS AVEC SON FRÈRE !

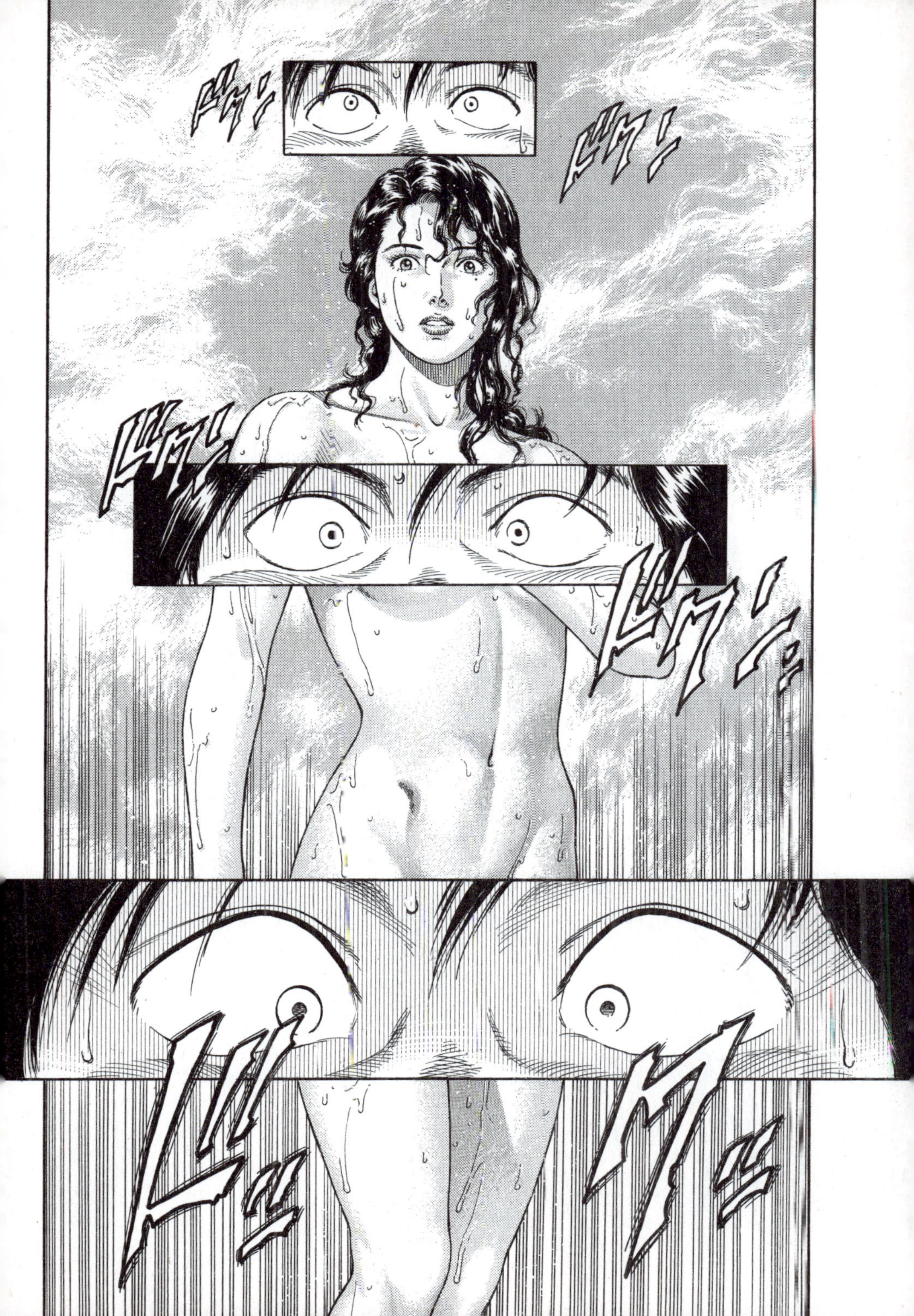
ドクン!
ドクン!
ドクン!
ドクン!!

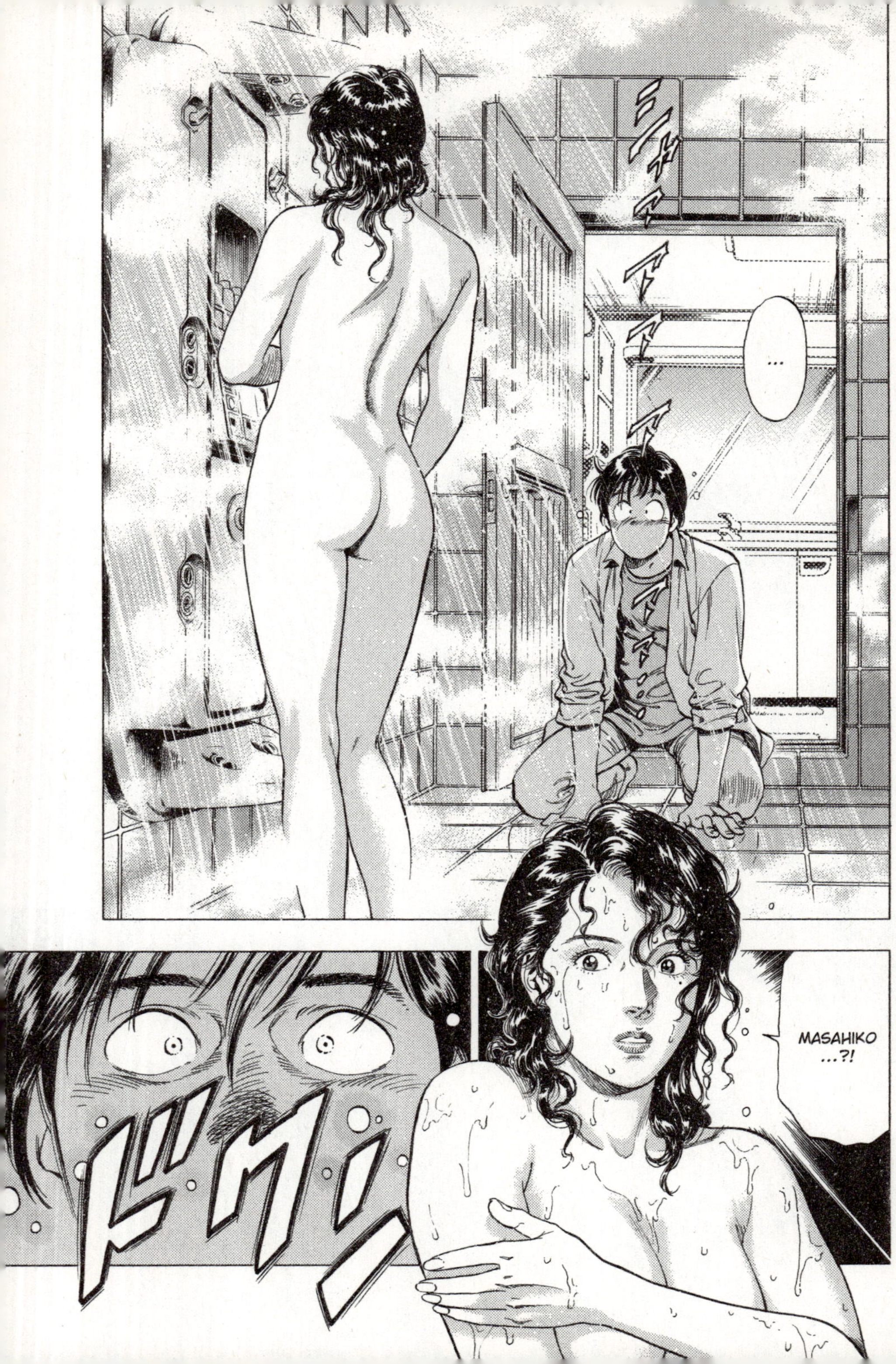
...
MASAHIKO ...?!

OUILLE !
WAAH !
AÏE, AÏE...
!?

OUGH…
LES… LES TOILETTES, VITE… OUGH…
GWEH… HERK…
GWEEH …
J'AI MAL AU CŒUUUR…
HAA …
HAA …
HAA …
HAA …
SORA EST…
… UNE FEMME ?!
HAA …
HA HA HA… J'AI DÛ RÊVER…
J'AI… J'AI TROP BU…
HA… HA HA ! J'AI DES HALLUCI-NATIONS, MOI…
JE FERAIS MIEUX… DE RENTRER…

...
SO... SORA...
SA POI-TRINE... NON...
IL A DES SEINS DE FEMME !

PFF ! ELLE EST COMPLÈTEMENT SOÛLE !
IL FAUT VITE VOUS CHANGER, SORA !
M... MH...
BON, JE N'AI PAS LE CHOIX !
KH... IL PÈSE SON POIDS ! OUF...

DÉMONSTRATION PAR L'EXEMPLE ! REGAAARDE !
UNE DÉMONSTRATION ?
HI HIPS ♡
SHION, ENFIN ?! TU ES DEVENUE FOLLE ?!
AAH ...?
...
AIDE-LE VITE À SE CHANGER, AVANT QU'IL N'ATTRAPE FROID !

...
?
スゥー
...
JE N'AI PAS L'HABITUDE DE BOIRE, MOI NON PLUS... J'AI LA TÊTE QUI TOURNE ET LES IDÉES... QUI S'ENTRE-CHOQUENT...
MASAHIKOOO !
!
SHION !

TU ES INCORRIGIBLE ! L'ALCOOL TE FAIT D'RE DES CHOSES SANS QUEUE NI TÊTE...
JE SUIS PAS IVRE, D'ABOOORD ...
ÇA SUFFIT POUR AUJOURD'HUI, VA TE COUCHER !
NOOON !
AAH !
J'AI DIT AU LIT !
JE VEUX PAAAS !
TU TE CHARGERAS DU RESTE, CHÉRI ? MOI, JE LA MONTE DANS SA CHAMBRE !
VOUS COMPTEZ LUI DIRE BIENTÔÔÔT ?
OUI, UN AUTRE JOUR !
ET P... POURQUOI PAS LA NUIT ?!
...
ELLE EST PLUTÔT FORTE, YUKARI...
...
DITES-MOI, SORA ...
QUELLE EST CETTE "VÉRITÉ" DONT PARLAIT SHION ?

BON ! QUAND COMPTEZ-VOUS LUI DIRE LA VÉRITÉ ?
HIPS
LA VÉRITÉ ?
LE PLUS VITE SERA LE MIEUX, OU IL POURRAIT BIEN ÊTRE CHOQUÉ...
よろ
SHION ! MAIS... TU AS BU ?!
HÉ HÉ HÉ ! IL ME FALLAIT BIEN ÇA POUR QUE VOTRE PETITE SCÈNE RIDICULE ME TOUCHE ENFIN !
JE SIROTE DEPUIS TOUT À L'HEURE. ♡
?
?

NOUS PREN-
DRONS LES
PROCHAINES
LORS DE TON
ANNIVERSAIRE !
AH...
AAH...
JE...
JE...
MASAHI-
KO ?

JE N'AI JAMAIS ÉTÉ… SUR UNE PHOTO DE FAMILLE…
SI CELA AVAIT ÉTÉ LE CAS… LES PHOTOS…
… AURAIENT ÉTÉ… COMME CELLE-CI…
QUAND JE VOIS MON EXPRESSION…
JE DONNE VRAIMENT L'IMPRESSION D'ÊTRE… L'UN DES VÔTRES…
BIEN SÛR, C'EST TA PHOTO DE FAMILLE !
EN PRENDRE PLEIN D'AUTRES AVEC TOI, VOILÀ CE QUE NOUS SOUHAITONS.

QU'Y A-T-IL, MASAHIKO ?
AH… NON… JE…
C'EST…
… LA PREMIÈRE FOIS…

DZZZT
RETARDATEUR ♡
...
COMPLEXE MATERNEL !
QUOI ?!
TCHAF
ELLE SORT !
HÉ HÉ... JOLIE PRISE !
OH LÀ LÀ... JE NE SUIS PAS PHOTOGÉNIQUE...
PERSONNE NE FAIT DE TÊTE BIZARRE, PAR HASARD ? ♡

OH ! LES COMPLIMENTS NE T'AVANCERONT À RIEN, AVEC MOI !
YUKARI, C'EST JUSTE QUE... VOUS AVEZ UNE FILLE DE 16 ANS, ET POURTANT VOUS SEMBLEZ SI JEUNE...
...
TU SEMBLES SONGEUR.
...
AH... NON, JE...
JE VAIS PRENDRE UNE PHOTO !
ALLEZ, TOUT LE MONDE S'ALIGNE !
NE DIS PAS DE BÊTISES ! UNE PHOTO DE FAMILLE, C'EST UNE PHOTO DE TOUT LE MONDE !
AH, JE VAIS PRENDRE LA PHOTO !
MAIS... C'EST UN POLAROÏD, PAPA !
NE SOIS PAS SI POINTILLEUSE ! JE N'AVAIS PLUS DE PELLICULE DANS L'AUTRE APPAREIL !
ALIGNEZ-VOUS ICI !

BOIRE LE VENTRE VIDE, C'EST MAUVAIS POUR L'ESTOMAC !
...
TOUT VA BIEN, MASAHIKO ?
GLUP ...

PAPA ?
J'AI ENCORE BEAUCOUP DE TRAVAIL. DÎNE SANS M'ATTENDRE ET VA DORMIR.
AH... ET BON ANNIVERSAIRE ! TON CADEAU EST SUR LA TABLE.
JOYEUX ANNIVERSAIRE...
JOYEUX ANNIVERSAIRE...
JOYEUX ANNIVERSAIRE...
... MOI-MÊME...
JOYEUX ANNIVERSAIRE...
...

NON ! TU N'AS PAS ENCORE L'ÂGE !
...
MAIS, MASAHIKO NON PLUS !
HA HA HA... ORDRE DE MAMAN, JE N'AI RIEN À DIRE !
...
JE SUIS RENTRÉ, PAPA !
Dreamer

C'EST QUE... JE N'AI PAS ENCORE L'ÂGE...
ALLONS, TU ES DÉJÀ ÉTUDIANT, NON ?!
JE SUIS SI HEUREUSE QUE TU SOIS VENU, MASAHIKO ! TU AURAIS DÛ APPELER, NOUS SERIONS ALLÉS TE CHERCHER !
C'EST UN DÉMON AU VISAGE D'ANGE, CETTE FILLE !
MANGE TOUT CE QUE TU VEUX !
MERCI !
ENCORE, ENCORE !
EN TOUT CAS... ILS NE RESSEMBLENT PAS À DES YAKUZAS..
OUIII. ♡
TOI AUSSI, SHION ! C'EST PARTIII...
OH QUE NON ! POUR TOI, CE SERA DU COLA !
HÉÉ... MAIS ÇA VA !

SALUT, MASAHIKO !
JE SUIS SHION WAKANAE, TA COUSINE !
OH... MASAHIKO ?!
!
MAIS ...?
HA... HA HA HA...
?
?
TU※卍を◎♨ま...!
ENCHANTÉE ♡
AAH ! C'EST DONC TOI, MASAHIKO YANAGIBA !
JE SUIS TON ONCLE, SORA WAKANAE ! TIENS, BOIS UN COUP !

DES... DES COUPS DE FEU !
DES YAKUZAS, J'EN ÉTAIS SÛR !
HIII !
DES YAKUZAS ! UNE GUERRE DES GANGS !
À L'ASSASSIN !
LAI... LAISSEZ-MOI LA VIE SAUVE...
FÉLICITATIONS POUR TES 16 ANS, SHION !
TU ES EN RETARD ! JE SUIS DÉJÀ POMPETTE !

C'EST DONC ICI...
*WAKANAE **ZOSHIGAYA, TOSHIMA
JE N'AI PAS L'IMPRESSION D'ÊTRE CHEZ DES YAKUZAS, MAIS...
... J'AI UN PEU PEUR, QUAND MÊME.
ET SI TU ENTRAIS AU LIEU DE TE CACHER ?
HA HA HA...
...
...
UN PEU DE COURAGE, ET VA DE L'AVANT, SI TU ES UN HOMME !
MAIS ...?!
B... BON ! IL EST TARD, JE REVIENDRAI UNE AUTRE FOIS.
QU'EST-CE QUE TU RACONTES ?!

LAISSE-MOI QUAND MÊME TE PRÉVENIR... SI TU VAS CHEZ EUX, TU DEVRAS CHANGER TA FAÇON DE VOIR LA VIE.
HEIN ?
POUIT
KYAAAH ! QU'EST-CE QUI TE PREND ?!
OUAAAH !
...

C'EST SÛR... NE DIT-ON PAS QU'UNE HISTOIRE TROP BELLE A PEU DE CHANCES D'ÊTRE VRAIE ?
TU ES LEUR VOISINE, NON ? TU DOIS BIEN ÊTRE AU COURANT !
HÉ HÉ... TU VEUX SAVOIR ?
JE NE TE DIRAI RIEN !
MAIS POURQUOI ?!
MOI, JE NE RACONTE JAMAIS LA FIN DU FILM À CEUX QUI NE L'ONT PAS VU !
QUEL EST LE RAPPORT ?
C'EST L'INCONNU QUI DONNE DU SEL À LA VIE. ♡
PFF...
...
CE NE SONT QUAND MÊME PAS DES YAKUZAS...
NON, C'EST IMPOSSIBLE... ENFIN, J'ESPÈRE...
HA... HA HA HA...

DONC, TU ES UNE VOISINE DES WAKANAE ?
OUI, D'UNE CERTAINE MANIÈRE …
COMME JE TE L'AI DIT. D'AILLEURS MA MÈRE NE VOULAIT PAS LES VOIR… J'AI PEUR QU'ILS SOIENT PEU RECOMMANDABLES…
JUSTEMENT… ILS SONT COMMENT, LES WAKANAE ?
…
AVOIR CETTE FILLE COMME VOISINE… CE SERAIT PLUTÔT PAS MAL !
ELLE HABITE LE QUARTIER…
ON POURRAIT FAIRE PLUS AMPLE CONNAISSANCE, COMME ÇA.
MAIS QUELLE IDÉE ÉTRANGE D'ALLER HABITER CHEZ DES GENS PAREILS !
DES GENS… PAREILS ?!

QUEL... QUEL CANON !
OOH... ALORS, TU AS FAIT TOUT LE TRAJET DEPUIS MITAKA À VÉLO ?
OU... OUI.
POURQUOI ES-TU SI TENDU, DEPUIS TOUT À L'HEURE ?
NO... NORMAL QUE JE SOIS STRESSÉ !
MENTEUR ! REGARDE COMME TES ÉPAULES SONT DURES !
N... NON, JE ME SENS BIEN !

JE NE DOIS PLUS ÊTRE TRÈS LOIN DE CHEZ EUX.
JE N'AI PAS DE PLAN, ET LA NUIT VA TOMBER... ZUT !
EXCU-SEZ-MOI...
SAVEZ-VOUS OÙ SE TROUVE LA MAISON DES WAKANAE ?
LES WAKANAE ?
...
JE CONNAIS LEUR MAISON, OUI...

...
DANS QUOI JE M'EMBARQUE, MOI...?

*SORA WAKANAE - ZOSHIGAYA 4-24-15, ARR. DE TOSHIMA - TÉL. : XXXX-5XX1

POURTANT...
...
JE ME FAISAIS DES IDÉES... MA MÈRE...
... NE LUI RESSEMBLAIT PAS TANT ! MAIS NON !
...

J'AVAIS MENTI, CAR JE ME DEMANDAIS POURQUOI MA MÈRE AVAIT REJETÉ SON PETIT FRÈRE.
BON, JE TE RE-CONTACTERAI... PARDONNE-MOI D'ÊTRE VENUE AINSI, À L'IM-PROVISTE.
NON, VOYONS ...
DI... DITES-MOI, YUKA-RI...
EST-CE QUE NOUS NOUS SOMMES DÉJÀ RENCON-TRÉS ?
VOUS VOUS ÊTES ÉTONNÉE DE ME VOIR SI GRAND, TOUT À L'HEURE...
AH... OUI.
JE NE T'AI VU QU'UNE FOIS, LORS DE MON MARIAGE. TU NE T'EN SOUVIENS SANS DOUTE PAS, PETIT COMME TU ÉTAIS.
JE VOIS...
À BIENTÔT.
GLUP !
ELLE A RAISON... JE NE ME RAPPELLE DÉJÀ PAS LE VISAGE DE MON ONCLE...

C'EST TRÈS GENTIL, MAIS UN PEU TROP BRUSQUE...
TU AS RAISON, TE PROPOSER TOUT CELA DÈS NOTRE PREMIÈRE RENCONTRE... TU DOIS PRENDRE LE TEMPS DE RÉFLÉCHIR.
EH BIEN...
MAIS OUI ! QUE DIRAIS-TU DE VENIR À LA MAISON AUJOURD'HUI, POUR TE FAIRE UNE IDÉE ?
NOUS FÊTONS L'ANNIVERSAIRE DE NOTRE FILLE, CE SOIR.
NOUS NE SERONS QUE TOUS LES TROIS, TU PEUX VENIR SANS TE SENTIR GÊNÉ.
HEIN ?!
OUI, EXCUSEZ-MOI...
JE TROUVAIS MÊME L'OFFRE... UN PEU TROP BELLE.
C'EST QUE... MA SOIRÉE EST DÉJÀ PRISE, ET...
AH... C'EST BIEN DOMMAGE.
CE SERA POUR UNE PROCHAINE FOIS, ALORS...
OUI...
MENSONGE...
N'EST-CE PAS UNE MAGNIFIQUE OCCASION DE VOIR TOUTE LA FAMILLE RÉUNIE ?
...

IL EST VRAI QUE DURANT MON ENFANCE, MA MÈRE M'AVAIT PARLÉ...
シャァァァァァアー
... DE SON PETIT FRÈRE, AVEC QUI ELLE AVAIT COUPÉ LES PONTS POUR UNE RAISON INCONNUE.
ゴトン ゴトン
J'AVAIS COMPLÈTEMENT OUBLIÉ SON EXISTENCE, PUISQUE MES PARENTS N'ENTRETENAIENT AUCUN RAPPORT AVEC LUI... IL SEMBLE POURTANT QUE JE L'AIE RENCONTRÉ À QUELQUES REPRISES.
QUANT À MA TANTE, ELLE ÉTAIT VENUE M'ANNONCER...
... QUE LES WAKANAE (NOM DE JEUNE FILLE DE MA MÈRE), AYANT APPRIS LA DISPARITION DE MON PÈRE, SOUHAITAIENT M'ACCUEILLIR CHEZ EUX.
UNE PROPOSITION PLUS QU'ALLÉCHANTE, PUISQU'ILS COMPTENT AUSSI S'ACQUITTER DE MES FRAIS D'ENTRÉE À L'UNIVERSITÉ.
...

NON, TU FAIS ERREUR... PARDONNE-MOI DE T'AVOIR SURPRIS.
JE SUIS TA TANTE !
?!
...
VOUS ÊTES SÛRE D'ÊTRE À LA BONNE ADRESSE ?
PARCE QUE JE N'AI PAS DE TANTE, VOYEZ-VOUS ?
AH... TA MÈRE NE T'A JAMAIS PARLÉ DE SON FRÈRE CADET ?
ENFIN BREF, TU AS UN ONCLE.
JE SUIS YUKARI WAKANAE, SA FEMME.
QUOI ...?
...

柳葉*
...
OOH... TU AS BIEN GRANDI, MASAHIKO !
*YANAGIBA
MA...
MA...
MAMAN !

1ER JOUR
LA FAMILLE : UNE PREMIÈRE EXPÉRIENCE

PUIS MON PÈRE EST MORT À SON TOUR, IL Y A UN MOIS, DANS UN ACCIDENT DE LA ROUTE.
JE N'AVAIS PAS D'AUTRES PROCHES, ET ME RETROUVAIS DONC, POUR DE BON, ORPHELIN.
*ANNONCES - EMPLOIS
HAAA...
AUCUN PETIT BOULOT QUI VAILLE LE COUP !
JE DEVAIS ENTRER À L'UNIVERSITÉ LE MOIS SUIVANT, EN AVRIL. CEPENDANT, LA SITUATION AVAIT CHANGÉ.
MAIS BON, JE N'AI PAS LE CHOIX...
... VU L'HÉRITAGE QUE MON PÈRE M'A LAISSÉ...
TOC TOC...
M. YANAGIBA ? VOUS ÊTES LÀ ?
AH... J'ARRIVE !

白十字
JE N'AI PRESQUE AUCUN SOUVENIR DE MA FAMILLE.
MA MÈRE EST MORTE QUAND J'ÉTAIS ENFANT, ET MON PÈRE ÉTAIT SOUVENT RETENU AU TRAVAIL...
QUANT À MOI, JE MENAIS UNE EXISTENCE DIGNE D'UN ORPHELIN. J'ÉTAIS SEUL À LA MAISON...
SEUL DEVANT LA TÉLÉ, AU POINT DE JALOUSER LES FAMILLES DE CES SÉRIES QUE JE REGARDAIS...
LA FAMILLE, CETTE ILLUSION...
LA FAMILLE...
...

F.COMPO

LES PERSONNAGES

Masahiko

Sa mère est morte quand il était enfant et il vient de perdre son père dans un accident de la route, juste avant son entrée à l'université. Cela le conduit à rencontrer sa tante et à venir habiter chez elle. Le choc est brutal quand il découvre le secret de sa nouvelle famille.

Yukari

Elle vient frapper à la porte de Masahiko après la disparition du père du jeune homme. Se présentant comme sa tante, elle lui propose de l'héberger et de l'aider à poursuivre ses études. Yukari ressemble à la mère de Masahiko. Elle s'avère être en réalité le frère de cette dernière.

Sora

Mangaka, le mari de Yukari est un joyeux luron qui accueille chaleureusement Masahiko sous son toit. À peine arrivé dans son nouveau foyer, l'étudiant va découvrir que son oncle est en réalité une femme.

Shion

La cousine de Masahiko est une ravissante adolescente espiègle et pleine de vie. Douée pour taquiner son cousin, elle fait en sorte qu'il découvre le secret de Sora et Yukari. Mais ne cacherait-elle pas elle aussi sa véritable identité ?

L'HISTOIRE

La vie n'a pas fait de cadeau à **Masahiko**. Alors qu'il a perdu sa mère quand il n'avait que six ans, voilà que son père disparaît à son tour dans un tragique accident. Orphelin et sans ressources, il comprend qu'il lui sera impossible d'aller à l'université. Il s'apprête donc à renoncer à ses études pour trouver un emploi lorsqu'il reçoit une offre inattendue. En effet, une tante dont il n'a aucun souvenir, **Yukari Wakanae**, souhaite l'accueillir chez elle, où elle vit avec son mari et leur fille. D'abord réticent, Masahiko finit par accepter cette proposition, afin de pouvoir étudier. Toutefois, il découvre très vite que cette famille a un secret : sa tante s'avère être un homme tandis que son oncle est une femme. Dans la tête du jeune homme, les questions fusent. Un doute le travaille particulièrement : sa cousine est-elle vraiment ce qu'elle semble être ? Décidé à en avoir le cœur net, il va vivre un quotidien qui lui réservera bien des surprises !

Note sur les termes *okama* et *onabe* utilisés dans cette édition

Littéralement, les mots japonais *okama* et *onabe* signifient "casserole", "marmite". Utilisé dans un registre argotique, *okama* désigne les hommes qui portent des tenues féminines ou qui sont considérés comme efféminés, les homosexuels et les personnes transgenres. Le terme *onabe* désigne quant à lui les femmes qui s'habillent comme des hommes, qui ont un comportement jugé masculin ou encore les lesbiennes. Bien que ce ne soit pas systématique, ces deux mots peuvent avoir une connotation péjorative. Par respect pour l'œuvre originale, nous avons préféré les conserver tels quels dans cette traduction plutôt que d'employer des équivalents français dont la signification pourrait, selon l'époque et le contexte culturel, s'éloigner du sens et de la portée des termes d'origine.

F.COMPO

SOMMAIRE

F.COMPO

TSUKASA HOJO

1